Dr. Katja Doubek / Cornelia Grüter
Gabriele Matthes / Anja Wesner

Deutsch
Visuelles Fachwörterbuch Einzelhandel

Hueber Verlag

Inhalt der MP3-Dateien zum Buch:

Sprecher: Crock Krumbiegel
Produktion: Tonstudio Langer, 85375 Neufahrn, Deutschland

Den kostenlosen MP3-Download zu diesem Titel finden Sie unter www.hueber.de/audioservice.

Der Verlag und die Autoren bedanken sich für die Unterstützung bei Feinkost Käfer, München, den Mitarbeitern der Berufsgenossenschaft Einzelhandel, Svenja Ottens, Bildungswerk der Niedersächsischen Wirtschaft, bei Romana Körner, Mitarbeiterin der Schulleitung (2. Sonderschulkonrektorin) der Adolf-Kolping-Berufsschule München, sowie Dr. Hedwig Götzl, Sandra Hunegger und Anja Knarr, Lehrerinnen der Adolf-Kolping-Berufsschule im Fachbereich Wirtschaft und Verwaltung, und Monika Schlögl, Kolping Bildungsagentur gGmbH, Projekt pass(t)genau.

3. 2. 1. | Die letzten Ziffern
2022 21 20 19 18 | bezeichnen Zahl und Jahr des Druckes.
Alle Drucke dieser Auflage können, da unverändert,
nebeneinander benutzt werden.
1. Auflage

Umschlaggestaltung: Sieveking · Agentur für Kommunikation, München
Zeichnungen: Anja Wesner, München
Layout und Satz: Memminger MedienCentrum AG, Memmingen
Verlagsredaktion und Datenmodellierung: Elisa Klüber und Anna Meißner-Probst, Hueber Verlag, München und Susanne Billes, Egling
Druck und Bindung: Friedrich Pustet GmbH & Co. KG, Regensburg
Printed in Germany
ISBN 978–3–19–037480–9

Art. 530_25448_001_01

Das *Visuelle Fachwörterbuch Einzelhandel* ist Teil einer neu entwickelten Reihe von Titeln, die speziell für Auszubildende konzipiert wurde.

Studien belegen: Mehr als die Hälfte der Auszubildenden in Deutschland beendet ihre Lehre vorzeitig und ohne Abschluss. Häufigste Ursachen sind mangelndes Verständnis der Fachsprache sowie unzureichende Deutschkenntnisse.

Genau an diesem Punkt setzen die *Visuellen Fachwörterbücher* an. Sie erklären das branchenspezifische Fachvokabular in einfachen Worten und mit ansprechenden Bildern. Gleichzeitig vermitteln sie Informationen zur deutschen Sprache.

Im Hauptteil des Fachwörterbuches werden prüfungsrelevante und praxisnahe Fachbegriffe aus dem umfassenden Bereich des Einzelhandels bebildert und erklärt. Fotos und Illustrationen zeigen Arbeitsmaterialien, erklären Techniken und verdeutlichen Abläufe. Die übersichtliche Aufteilung in thematisch gebündelte Kapitel dient der schnellen inhaltlichen Orientierung.

Im hinteren Teil des Fachwörterbuches befinden sich eine alphabetische Liste aller Abkürzungen sowie ein alphabetisch angelegtes Glossar aller Stichwörter und Synonyme. Mit ihrer Hilfe sind alle enthaltenen Abkürzungen und Fachbegriffe schnell aufzufinden.

Die einfachen und klaren Definitionen der Fachausdrücke sind auf Basis des B1-Wortschatzes des Gemeinsamen Europäischen Referenzrahmens formuliert. So sind sie auch für Auszubildende mit Migrationshintergrund sehr gut zu erfassen. Fachbegriffe von A wie Abgabeverbot bis Z wie Zurücklegen sind durch die überzeugende Kombination von Wort und Bild leicht zu verstehen.

Alle Stichwörter wurden vertont und auf www.hueber.de/audioservice/ als kostenloser MP3-Download bereitgestellt. Dies unterstützt Deutschlernende bei der korrekten Aussprache.

Maßgebliche Kriterien für die Auswahl der Stichwörter sind der aktuell gültige Rahmenlehrplan, das bundesweit verbindliche Lehrmaterial sowie eine enge Absprache mit Fachleuten und Profis aus Theorie und Praxis.

Ein besonderer Dank gilt an dieser Stelle Feinkost Käfer, München, den Mitarbeitern der Berufsgenossenschaft Einzelhandel, Svenja Ottens, Bildungswerk der Niedersächsischen Wirtschaft, Romana Körner, Mitarbeiterin der Schulleitung (2. Sonderschulkonrektorin) der Adolf-Kolping-Berufsschule München, sowie Dr. Hedwig Götzl, Sandra Hunegger und Anja Knarr, Lehrerinnen der Adolf-Kolping-Berufsschule im Fachbereich Wirtschaft und Verwaltung, und Monika Schlögl, Kolping Bildungsagentur gGmbH, Projekt pass(t)genau.

Nomeneinträge

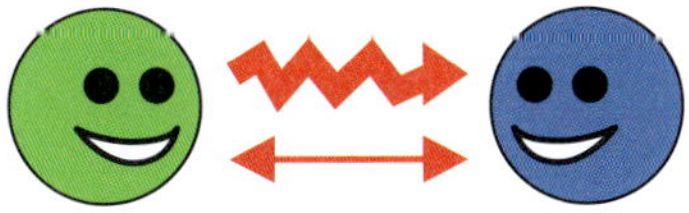

der **Gesprächsstörer**
Ge·sprächs·stö·rer <–>
Aktivitäten und Worte,
die ein Gespräch unterbrechen
auch Gesprächsblocker
04.021

Artikel des Nomens

mögliche Worttrennungen

Definition in einfacher und klarer Sprache

Pluralform: Der Strich steht für das Stichwort. Hier ist die Pluralform also identisch mit dem Stichwort.

Nach *auch* folgen andere Bezeichnungen, die anstelle des Stichworts verwendet werden können (Synonyme).

Personenbezeichnungen

Alle Personenbezeichnungen werden mit männlicher und weiblicher Form angegeben. Vor allem in älteren Texten wird die männliche Form oft neutral benutzt und schließt Männer und Frauen mit ein.

Überschriften für inhaltlich zusammengehörige Begriffe innerhalb eines Kapitels (hier: verschiedene Arten von Kaufleuten) sind in etwas größerer, fetter Schrift hervorgehoben

männliche Form

der **Kaufmann**
Kauf·mann <Kaufleute/Kaufmänner>
die **Kauffrau**
Kauf·frau <–en>
eine Person, die Waren und Produkte einkauft,
um sie mit Gewinn wieder zu verkaufen
16.034

weibliche Form

zwei Pluralformen, die zuerst genannte ist die häufigere, in diesem Fall, weil sie geschlechtsneutral ist

Bei den Zusammensetzungen mit *Kaufmann*, die rechtliche Begriffe darstellen und keine realen Personen bezeichnen, wurde auf die Angabe der weiblichen Form verzichtet.

Adjektiv-Nomen-Kombinationen

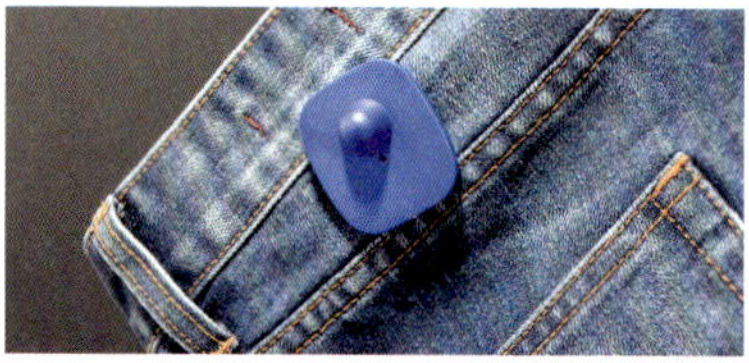

elektronische Artikelsicherung
elek·tro·ni·sche Ar·ti·kel·si·che·rung *kurz* EAS
ein **Etikett**, das elektronische Signale sendet und so die Ware vor **Ladendieben** schützt
auch Warensicherungsetikett
05.019

Bei Adjektiv-Nomen-Kombinationen können Sie den Artikel vom Adjektiv ableiten:
-er → der, -e → die
und -es → das.

Begriffe, die einen eigenen Eintrag im Fachwörterbuch haben, sind als Verweise im gesamten Text **fett** gedruckt. Sie finden sie im alphabetischen Glossar hinten im Buch.

Nach *kurz* folgt eine kurze Form des Stichwortes. Nach *lang* folgt die lange Form. Als Stichwort wird die häufiger verwendete Form aufgeführt.

Verbeinträge

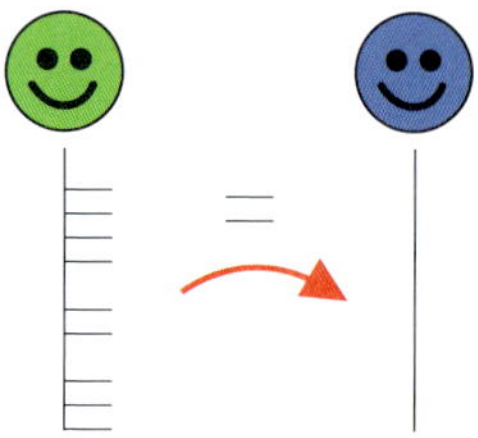

delegieren
de·le·gie·ren
<delegiert, delegierte, hat delegiert>
eine Aufgabe an jemand anderen übertragen
02.014

Bei Verbeinträgen wird die dritte Person Singular im Präsens, Imperfekt und Perfekt angegeben.

Audiotrack: Unter www.hueber.de/audioservice steht ein kostenloser Download zur Verfügung. Jedes Stichwort hat eine Nummer. Wenn Sie diese Nummer anklicken, hören Sie das Stichwort.

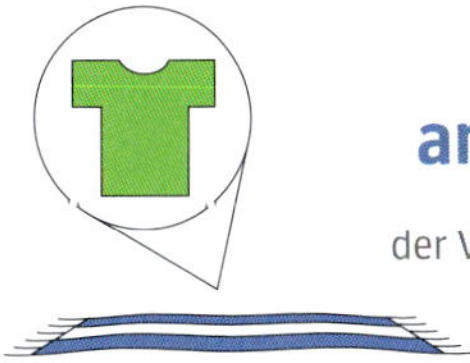

ambulanter Handel
am·bu·lan·ter Han·del
der Verkauf von Waren auf der Straße
oder auf einem Markt
01.001

der **Fahrverkauf**
Fahr·ver·kauf *kein Plural*
Verkauf aus einem Wagen,
meist Waren des **kurzfristigen Bedarfs**
01.002

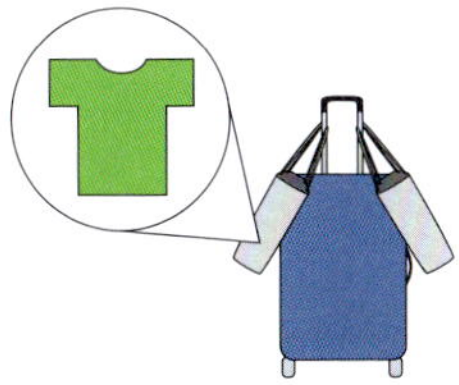

der **Hausierhandel**
Hau·sier·han·del *kein Plural*
der Händler geht von Haus zu Haus und bietet
die Waren an unterschiedlichen Orten an
01.003

der **Hökerhandel**
Hö·ker·han·del *kein Plural*
Verkauf während einer bestimmten Zeit
von einem Wagen oder einem **Stand** aus
01.004

der **Stand**
Stand <Stände>
hier: der Platz, wo etwas steht,
z. B. eine kleine Hütte, aus der verkauft wird
01.005

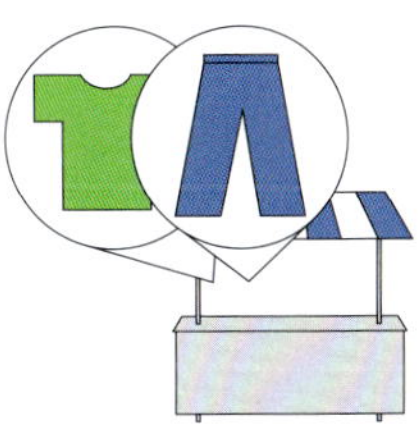

der **Straßenhandel**
Stra·ßen·han·del *kein Plural*
spezielle Waren (z. B. Eis, Obst,
Kleidung) werden an Straßen oder
auf bestimmten Plätzen verkauft
01.006

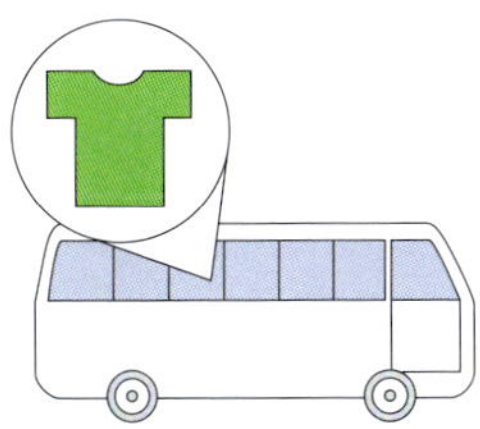

die **Verkaufsrundfahrt**
Ver·kaufs·rund·fahrt <–en>
mögliche Kunden (meist ältere Menschen)
werden zu einem Ausflug eingeladen; Waren
werden im Bus oder Lokal angeboten
01.007

der **Markthandel**
Markt·han·del *kein Plural*
Verkauf auf bestimmten Märkten, meist zu regelmäßigen Zeiten
auch Messhandel
01.008

der Jahrmarkt
Jahr·markt <Jahrmärkte>
ein Markt, der mehrere Tage dauert
01.009

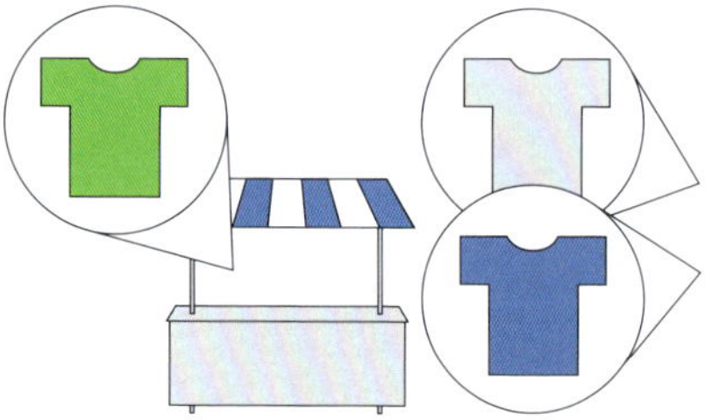

der Spezialmarkt
Spe·zi·al·markt <Spezialmärkte>
ein Markt für begrenzte Zeit;
viele Händler bieten bestimmte Waren an
01.010

der Wochenmarkt
Wo·chen·markt <Wochenmärkte>
ein Markt, der einmal in der Woche
an einem bestimmten Tag stattfindet
01.011

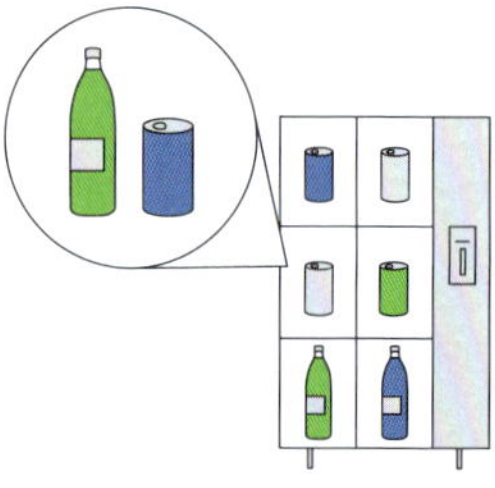

der Automatenhandel
Au·to·ma·ten·han·del *kein Plural*
alle Waren werden in Automaten
präsentiert; von Auswahl bis
Zahlung totale **Selbstbedienung**
auch Automatenverkauf
01.012

stationärer Einzelhandel

sta·ti·o·nä·rer Ein·zel·han·del
Geschäfte mit festem Platz und beschränkten Öffnungszeiten, z. B. **Supermarkt**, **Kiosk**
auch Ladenhandel, stationärer Handel
01.013

die Boutique
Bou·tique <–n>
ein Geschäft, in dem meist teure Modeprodukte verkauft werden
01.014

der Cash-and-Carry-Markt
Cash-and-Car·ry-Markt
<Cash-and-Carry-Märkte> *kurz* C&C
ein Geschäft, größer als ein **Supermarkt**; **Endverbraucher** und Geschäftskunden suchen die Waren selbst zusammen und bringen sie zur Kasse
auch Abholgroßmarkt
01.015

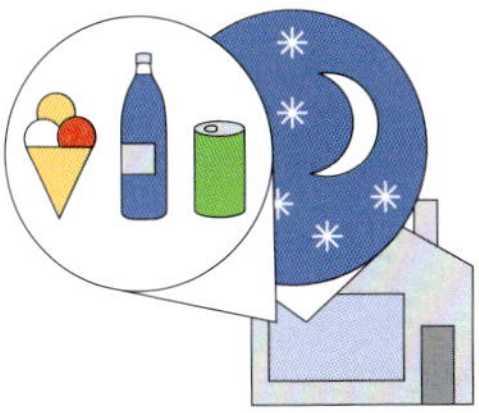

der Convenience-Store
Con·ve·ni·ence-Store <–s>
ein Geschäft, das Waren für den **kurzfristigen Bedarf** verkauft, z. B. Süßigkeiten, Getränke; häufig lange Öffnungszeiten, manchmal 24 Stunden
01.016

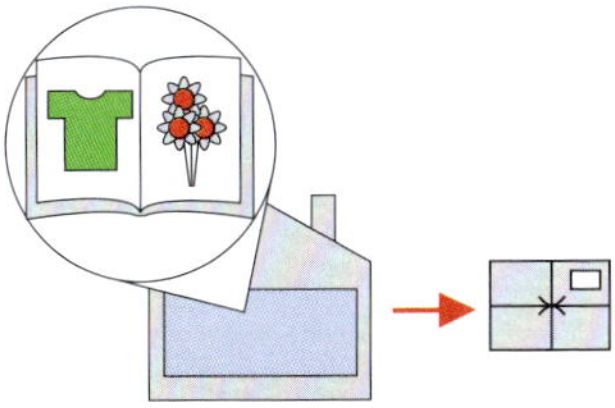

der Discount-Catalogue-Showroom
Dis·count-Ca·ta·logue-Show·room <–s>
Waren werden im Katalog angeschaut und dann aus dem Lager gebracht oder geschickt
auch Katalogschauraum
01.017

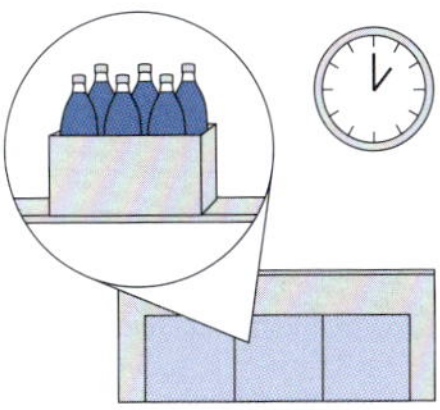

der Discounter
Dis·coun·ter <–>
ein Geschäft ähnlich wie ein **Supermarkt**, mit weniger Personal; die Preise sind niedrig, die Ware wird schnell verkauft
auch Diskonthandelsgeschäft
01.018

das Einkaufszentrum
Ein·kaufs·zen·trum <Einkaufszentren>
mehrere verschiedene **Kaufhäuser** und Läden auf einer großen Fläche; meist gut zu erreichen, in günstiger Lage
auch Shoppingcenter
01.019

das Fachgeschäft
Fach·ge·schäft <–e>
Artikel einer bestimmten **Branche** werden von Fachleuten verkauft
01.020

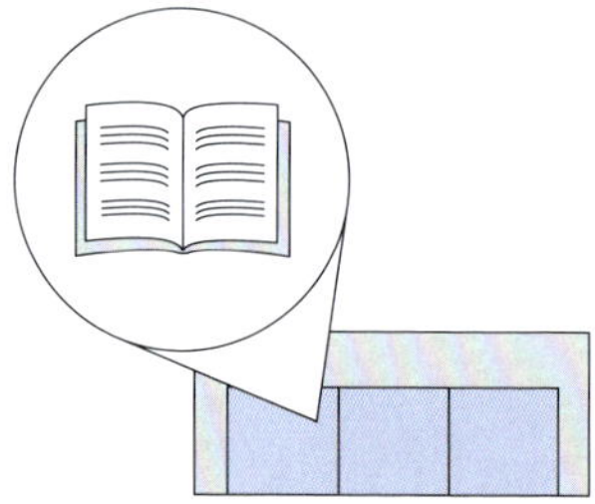

der Fachmarkt
Fach·markt <Fachmärkte>
Produkte eines bestimmten **Sortiments** werden auf großem Raum angeboten, meist mit **Selbstbedienung**
01.021

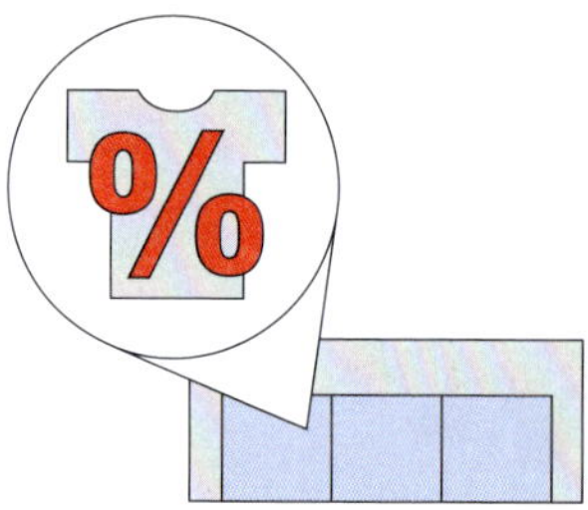

der Factory-Outlet-Store
Fac·to·ry-Out·let-Store <–s> *kurz* Factory-Outlet
ein Geschäft, in dem ein Hersteller seine Ware meist zu reduzierten Preisen an **Endverbraucher** verkauft
auch Fabrikverkauf, Werksverkauf, Outlet-Store
01.022

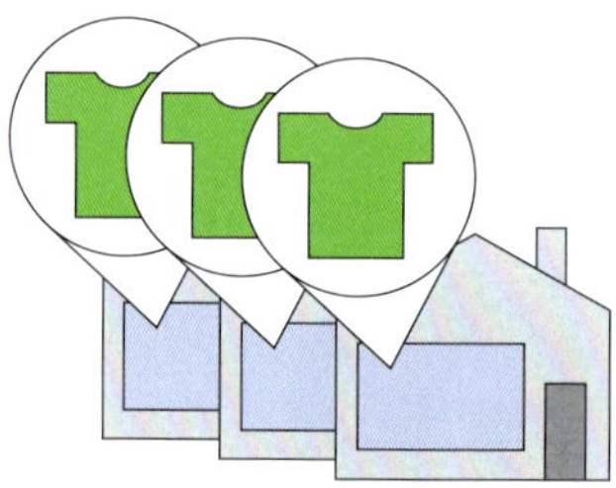

die Filiale
Fi·li·a·le <–n>
ein Laden, der zu einer Gruppe von Geschäften mit gleichem Namen und denselben Besitzern gehört
auch Zweiggeschäft, Zweiggeschäftsstelle
01.023

das Franchising
Fran·chi·sing *kein Plural*
Vertragspartner dürfen die Geschäftsidee und den Namen eines Herstellers nutzen und verkaufen dafür nur seine Produkte oder **Dienstleistungen**
01.024

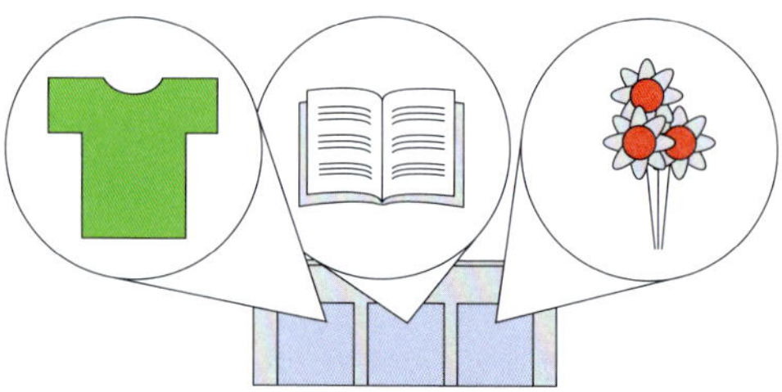

das Gemeinschaftswarenhaus
Ge·mein·schafts·wa·ren·haus
<Gemeinschaftswarenhäuser>
ein Zusammenschluss mehrerer selbstständiger **Fachgeschäfte** in einem Haus
01.025

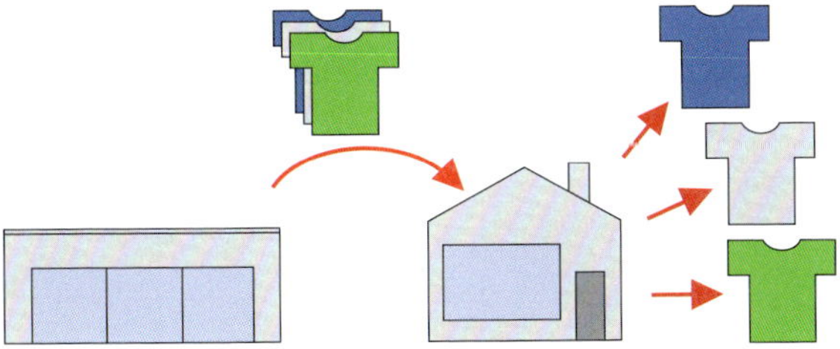

der Großhandel

Groß·han·del *kein Plural*

Läden oder Lager, von denen aus Waren meist an Unternehmer und Händler verkauft werden, selten an private Kunden

01.026

das Kaufhaus

Kauf·haus <Kaufhäuser>

Waren einer oder einiger spezieller **Branchen** werden auf größerer Fläche verkauft; meist mit **Vorwahlsystem** und **Selbstbedienung**

01.027

der Kiosk

Ki·osk <–e>

kleines, häufig offenes Häuschen für Einkäufe wie Getränke, Zeitschriften, Zigaretten; z. B. an Straßenecken oder im Schwimmbad

01.028

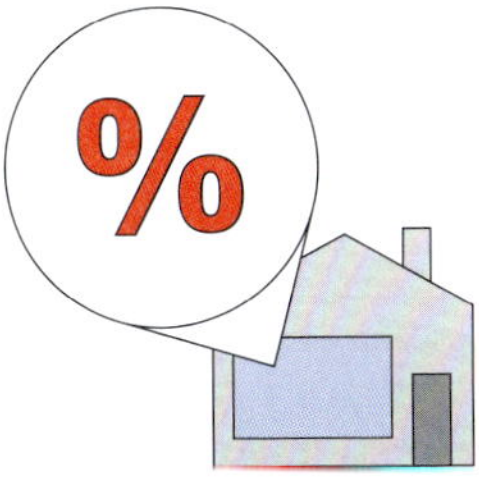

das Kleinpreisgeschäft

Klein·preis·ge·schäft <–e>

das Angebot besteht aus einem **flachen Sortiment** zu möglichst niedrigen Preisen

01.029

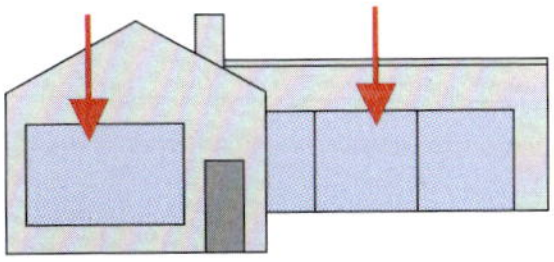

das Ladenlokal

La·den·lo·kal <–e>

ein Haus, ein Raum oder mehrere Räume, in denen man ein **Einzelhandels**geschäft einrichten kann

01.030

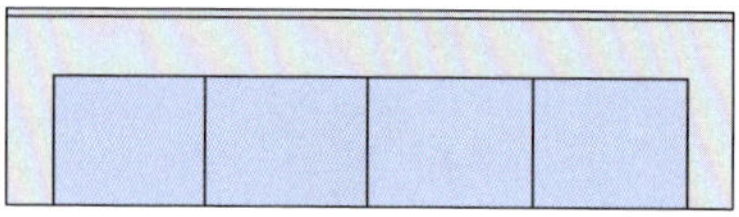

der Megadiscounter

Me·ga·dis·coun·ter <–>
ein sehr großer **Discounter**
01.031

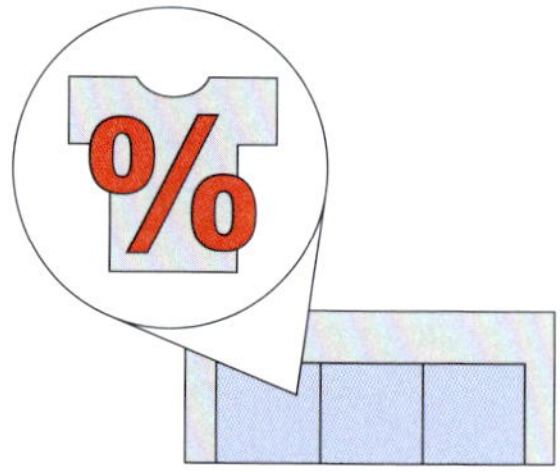

der Off-Price-Store

Off-Price-Store <–s>
hier werden meist Waren aus Versicherungsschäden und Reste aus anderen Geschäften billig verkauft
01.032

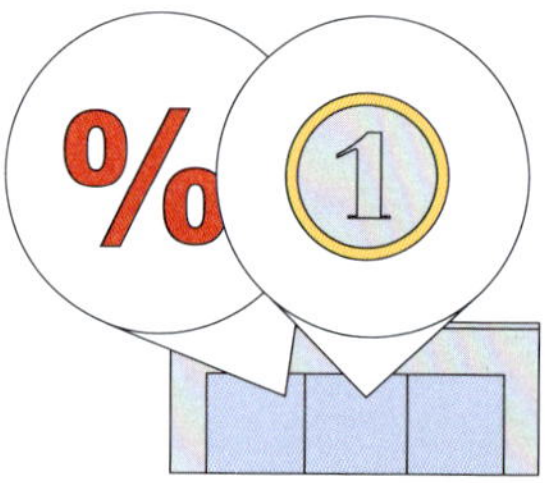

der Partie-Discounter

Par·tie-Dis·coun·ter <–>
ein großer Laden mit billigem **Sortiment** von **Schnelldrehern**
auch Postenmarkt, Sonderpostenmarkt
01.033

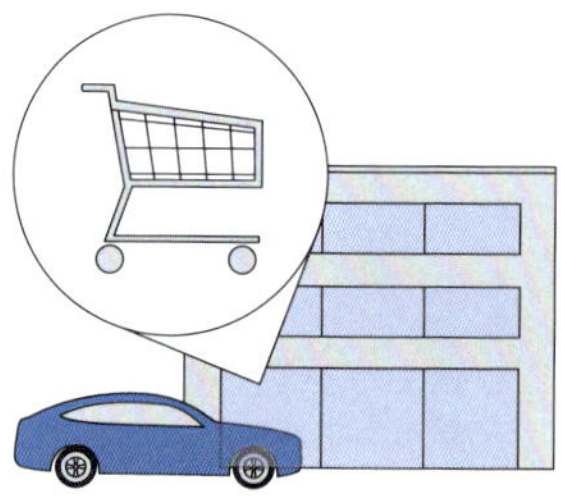

das SB-Warenhaus

SB-Wa·ren·haus <SB-Warenhäuser>
lang Selbstbedienungswarenhaus
auf einer Fläche von mindestens 2000 Quadratmetern (qm) werden **Verbrauchs-** und **Gebrauchsgüter** verkauft
auch Hypermarkt
01.034

der Secondhandshop

Se·cond·hand·shop <–s>
ein Laden, in dem gebrauchte Dinge (meist Kleidung) oft zu günstigen Preisen verkauft werden
auch Secondhandladen, Gebrauchtwarenladen
01.035

der Shop-in-the-Shop
Shop-in-the-Shop <–s>
ein kleiner selbstständiger Laden in einem größeren Geschäft
auch Shop-in-Shop
01.036

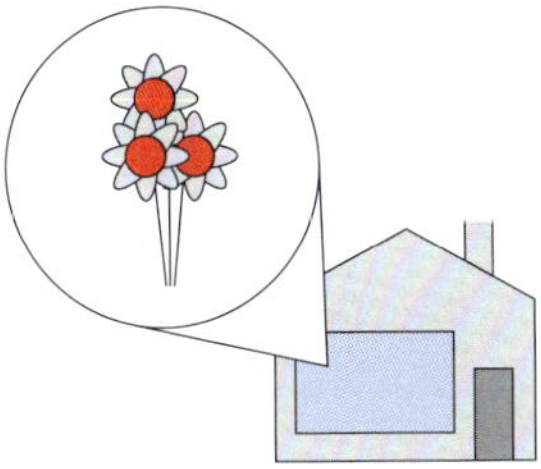

das Spezialgeschäft
Spe·zi·al·ge·schäft <–e>
nur bestimmte Produkte eines **Sortiments** werden von Personal mit Fachkenntnissen verkauft
01.037

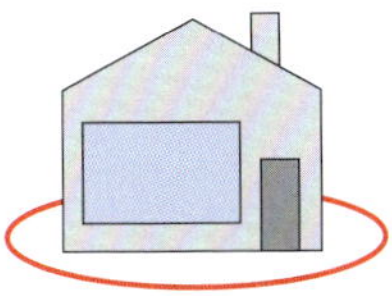

der Standort
Stand·ort <–e>
der Ort oder Platz, an dem sich jemand oder etwas befindet, z. B. das Geschäft oder die Ware im Laden
01.038

der Supermarkt
Su·per·markt <Supermärkte>
auf einer Fläche von mindestens 400 Quadratmetern (qm) werden etwa 3000–4000 Produkte, viele Lebensmittel, meist mit **Selbstbedienung** verkauft
01.039

der Tante-Emma-Laden
Tan·te-Em·ma-La·den <Tante-Emma-Läden>
ein kleines Geschäft meist ohne **Selbstbedienung**, in dem Lebensmittel und Produkte des **kurzfristigen Bedarfs** verkauft werden
auch Gemischtwarengeschäft
01.040

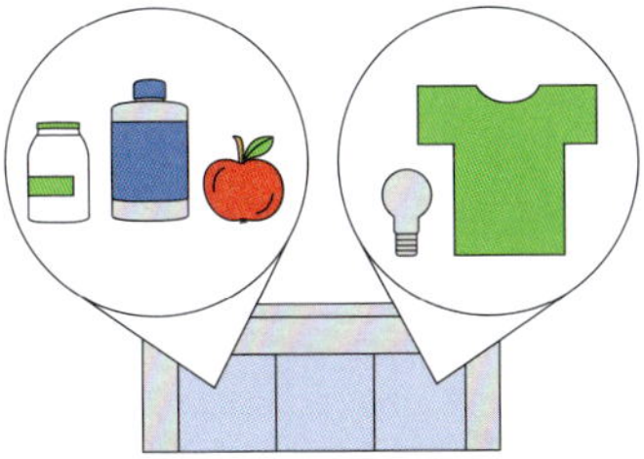

der Verbrauchermarkt
Ver·brau·cher·markt <Verbrauchermärkte>
ein großes Geschäft, mit Waren des **kurzfristigen** und **mittelfristigen Bedarfs**, auch Produkte für Haushalt und Freizeit; niedrige Preise durch **Selbstbedienung**
01.041

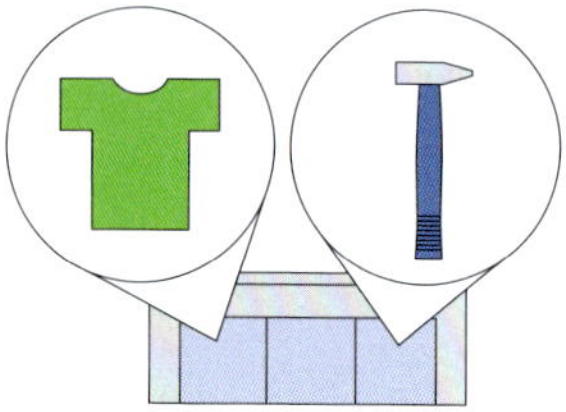

das **Warenhaus**
Wa·ren·haus <Warenhäuser>
ein Geschäft, das Produkte aus unterschiedlichen **Branchen** anbietet; es hat unterschiedliche **Verkaufsformen**
01.042

der Versandhandel

Ver·sand·han·del *kein Plural*
Produkte werden im Katalog, Internet, Fernsehen, Prospekt oder von einem Vertreter angeboten
auch Mailorder, Distanzhandel
01.043

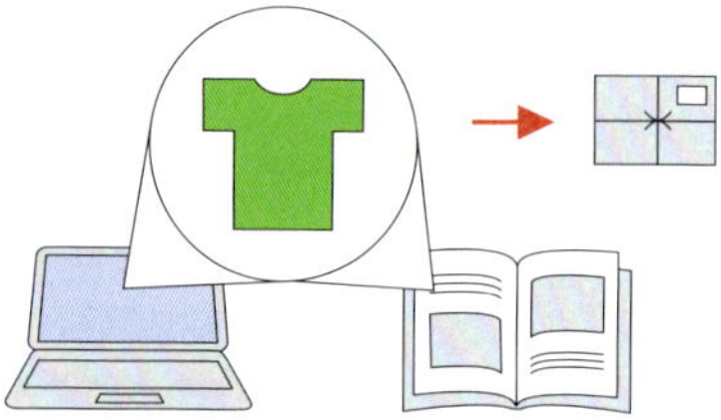

der **Onlineshop**
On·line·shop <–s>
ein Geschäft, das seine Waren nur im Internet anbietet
01.044

Betriebsorganisation

die **Ablauforganisation**
Ab·lauf·or·ga·ni·sa·ti·on <–en>
eine Beschreibung, wie und mit welchen Mitteln einzelne Arbeiten in der Zeit begrenzt oder endgültig erledigt werden
01.045

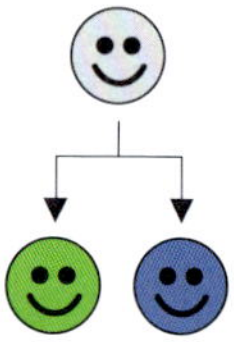

die **Aufbauorganisation**
Auf·bau·or·ga·ni·sa·ti·on <–en>
eine Struktur, in der festgelegt wird, wer welche Aufgaben übernimmt
01.046

das **Einliniensystem**
Ein·li·ni·en·sys·tem <–e>
in diesem System hat jeder Mitarbeiter nur einen Chef (Vorgesetzten)
01.047

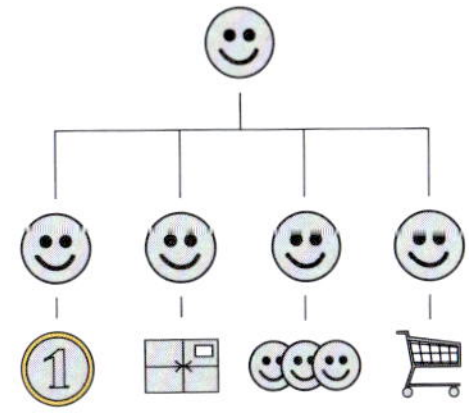

das **Funktionsprinzip**
Funk·ti·ons·prin·zip <–ien>
der Chef (Vorgesetzte) ist in einem Bereich (in einer Funktion) Spezialist, nur für diesen Bereich bekommen die Mitarbeiter Vorschriften von ihm; besonders im **Mehrliniensystem**
01.048

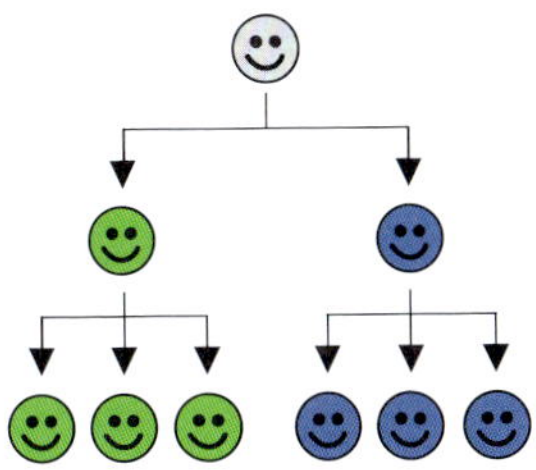

hierarchische Struktur
hie·rar·chi·sche Struk·tur
eine Struktur eines Unternehmens, in der genau festgelegt ist, wer anderen **Weisungen** geben darf
01.049

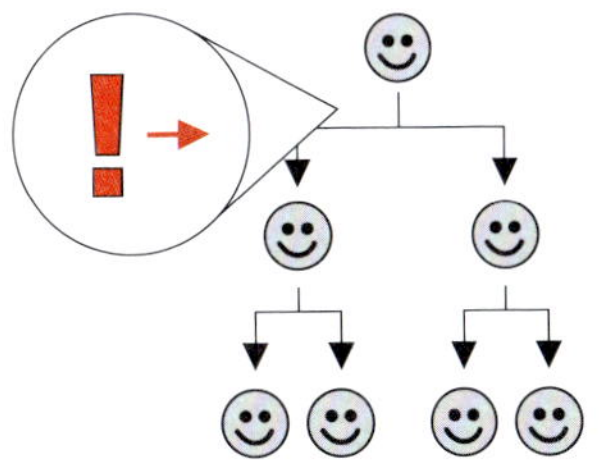

das **Leitungssystem**
Lei·tungs·sys·tem <–e>
in diesem System werden die Vorschriften von der Führung des Betriebes immer an die nächste untere Abteilung weitergegeben
auch Linienorganisation, Liniensystem
01.050

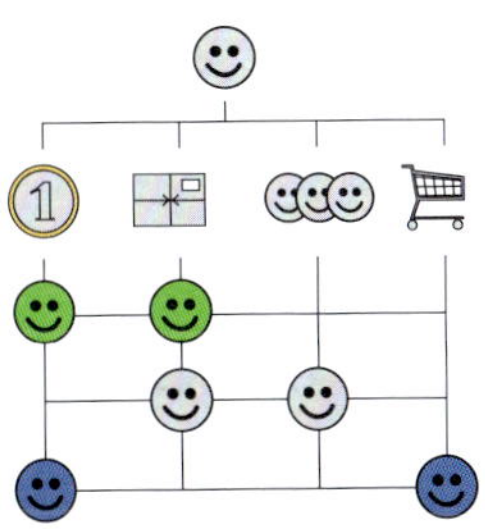

die **Matrixorganisation**
Ma·trix·or·ga·ni·sa·ti·on <–en>
eine Form des **Mehrliniensystems**; die Angestellten arbeiten jeweils für zwei unterschiedliche Bereiche
01.051

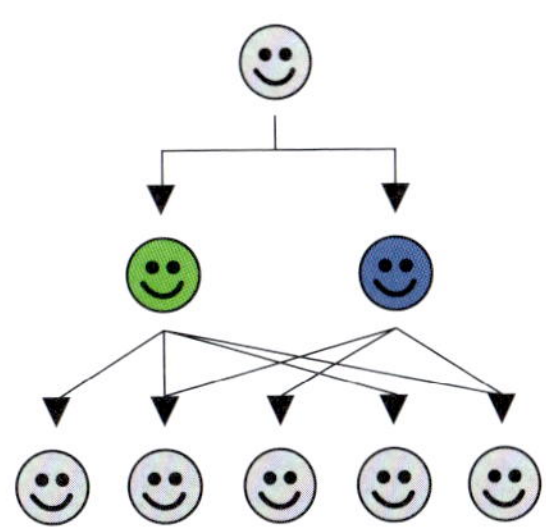

das **Mehrliniensystem**
Mehr·li·ni·en·sys·tem <–e>
in diesem System können die Mitarbeiter ihre **Weisungen** von unterschiedlichen Chefs (Vorgesetzten) erhalten
auch Mehrlinienprinzip
01.052

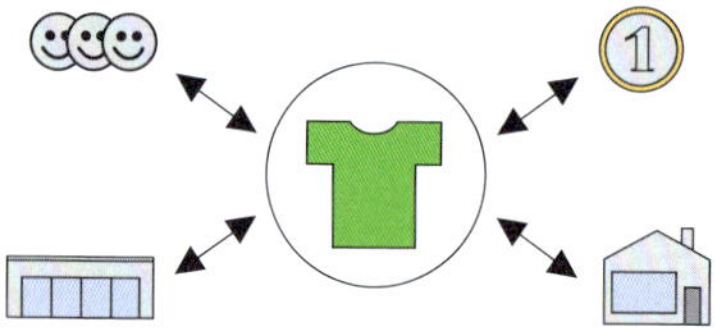

das **Objektprinzip**
Ob·jekt·prin·zip <–ien>
im Zentrum der Organisation stehen das Material, das Produkt oder die Kunden
01.053

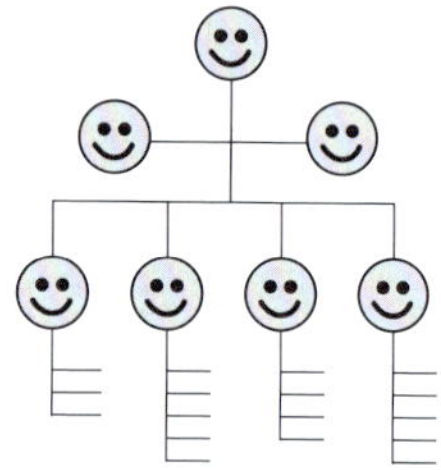

das **Organigramm**
Or·ga·ni·gramm <–e>
lang Organisationsdiagramm
eine Grafik, welche die **Aufbauorganisation** eines Unternehmens darstellt
auch Organisationsplan, Organisationsschaubild, Strukturplan, Stellenplan
01.054

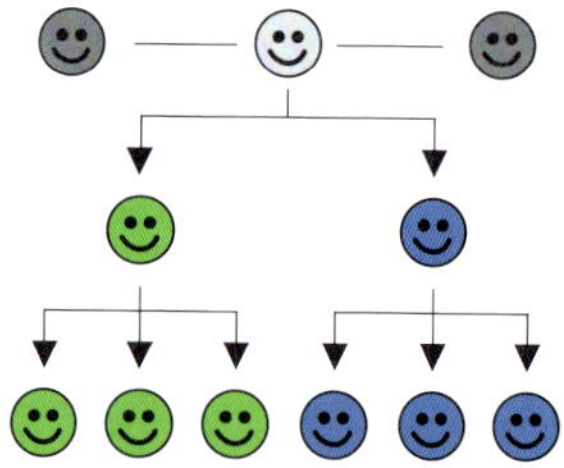

das **Stabliniensystem**
Stab·li·ni·en·sys·tem <–e>
ein **Einliniensystem**, das zusätzlich Experten in beratenden Funktionen hat
auch Stablinienorganisation
01.055

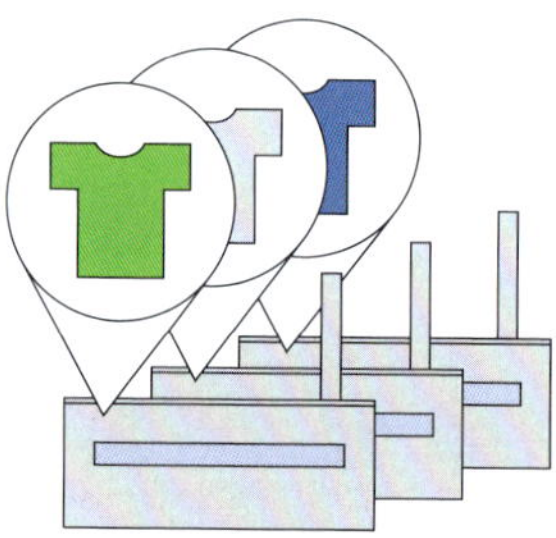

die **Branche**
Bran·che <–n>
eine Gruppe von Firmen, die gleiche oder sehr ähnliche Produkte herstellen oder anbieten
auch Wirtschaftszweig
01.056

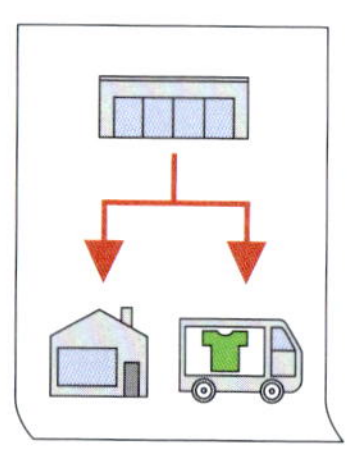

die **Dynamik der Betriebsformen**
Dy·na·mik der Be·triebs·for·men
die Veränderung bestehender und das Entstehen neuer Geschäftsformen, weil sich die Bedingungen von Gesellschaft und Umwelt ändern
01.057

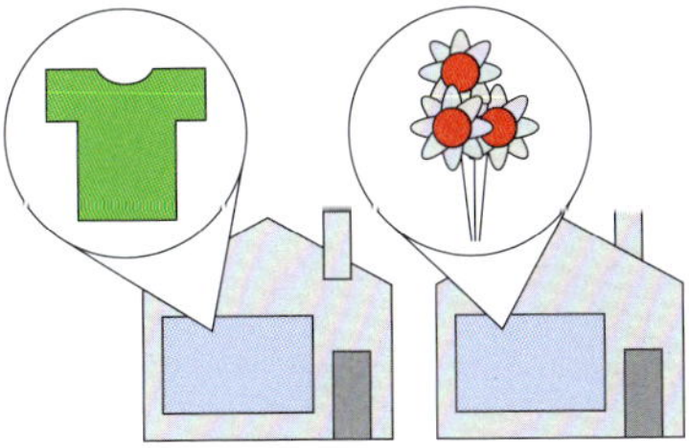

der **Einzelhandel**
Ein·zel·han·del *kein Plural*
die Geschäfte und Unternehmen, die ihre Waren an **Endverbraucher** verkaufen
auch Retail
01.058

der **Endverbraucher**
End·ver·brau·cher <–>
die **Endverbraucherin**
End·ver·brau·che·rin <–nen>
Kunden, die das gekaufte Produkt verbrauchen, verwenden oder nutzen
auch Endkonsument, Endabnehmer
01.059

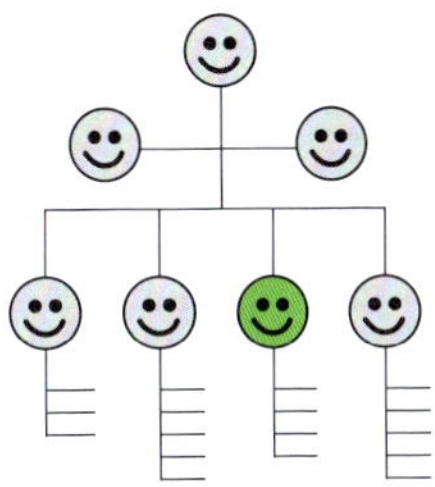

die **Stelle**
Stel·le <–n>
hier: die Stellung, in der ein Mitarbeiter einer Firma arbeitet
auch Arbeitsplatz
01.060

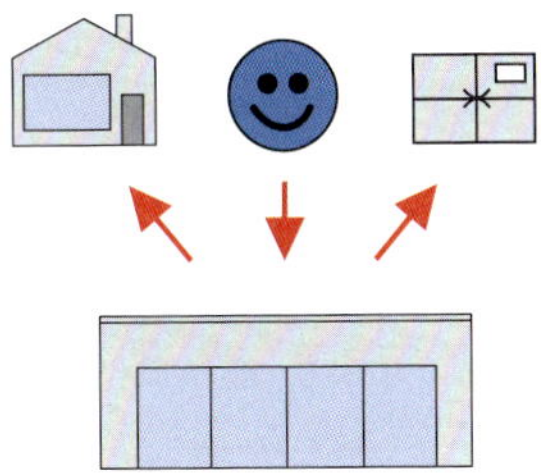

der **Vertrieb**
Ver·trieb <–e>
1 die Art, wie Produkte verkauft werden
2 die Abteilung in einer Firma, die für den Verkauf zuständig ist
01.061

die **Weisung**
Wei·sung <–en>
die Vorschrift oder Aufforderung, etwas zu tun oder zu unterlassen
01.062

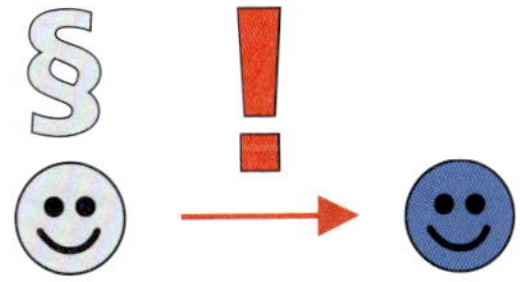

die **Weisungsbefugnis**
Wei·sungs·be·fug·nis <–se>
das Recht, **Weisungen** zu geben
01.063

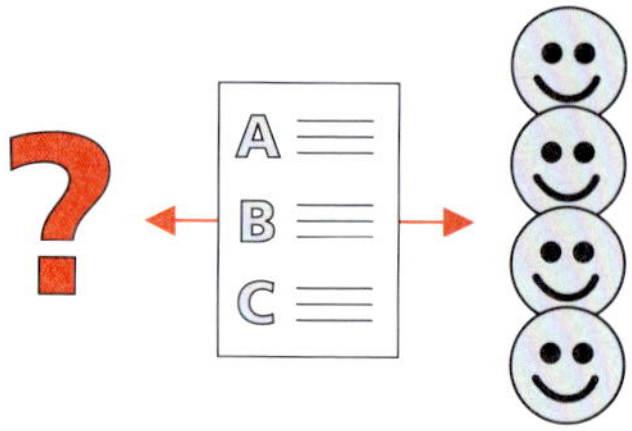

die ABC-Methode
ABC-Me·tho·de <–n>
eine Möglichkeit, das Wissen von Schülern festzustellen
02.001

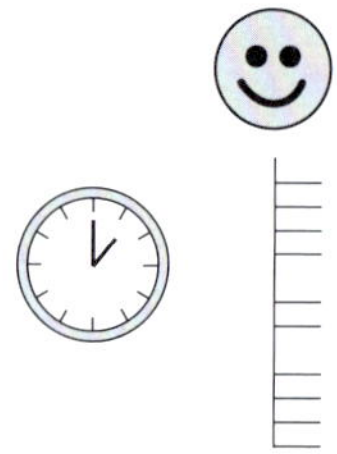

die ALPEN-Methode
AL·PEN-Me·tho·de <–n>
eine Art des **Zeitmanagements**, um den Arbeitstag gut zu organisieren
02.002

Arbeitsmethode

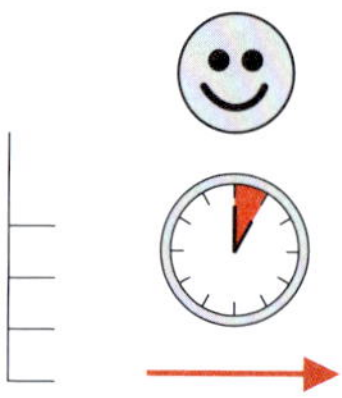

effizientes Arbeiten
ef·fi·zi·en·tes Ar·bei·ten
das schnelle und erfolgreiche Erledigen von Arbeiten
02.003

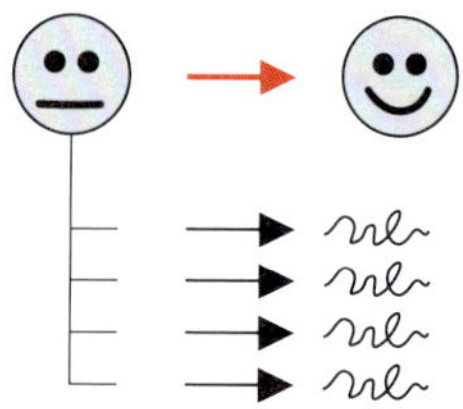

das GTD-Prinzip
GTD-Prin·zip *kein Plural*
lang Getting Things Done
eine Arbeitsmethode, nach der alle zu erledigenden Aufgaben aufgeschrieben werden, damit die Gedanken davon befreit sind
02.004

ineffizientes Arbeiten
in·ef·fi·zi·en·tes Ar·bei·ten
eine Art zu arbeiten, bei der man mehr Energie und Zeit verbraucht als notwendig wäre
02.005

die Not-to-do-Liste
Not-to-do-Lis·te <–n>
das Aufschreiben von Aufgaben, die unwichtig sind und nicht schnell erledigt werden müssen
02.006

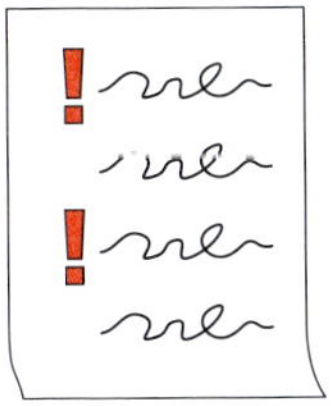

die **Priorität**
Pri·o·ri·tät <–en>
Aufgaben mit hoher Priorität sind wichtiger und dringender als Aufgaben mit niedriger Priorität
02.007

die **Professionalität**
Pro·fes·si·o·na·li·tät *kein Plural*
das spezielle Können, das nur Fachleute haben
02.008

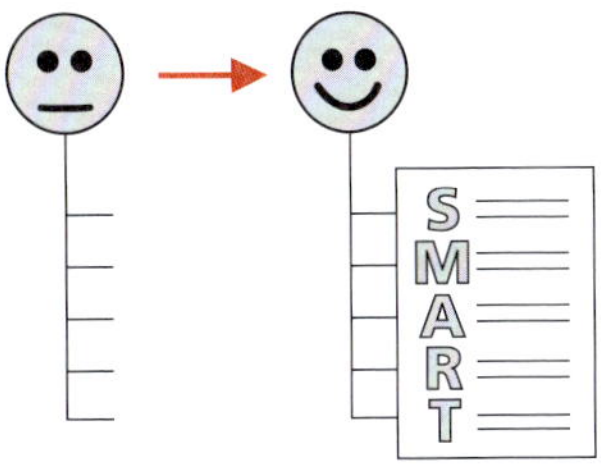

die **SMART-Methode**
SMART-Me·tho·de <–n>
lang Specific, Measurable, Accepted, Realistic, Time-Bound (= spezifisch, messbar, attraktiv, realistisch, terminiert)
eine Beschreibung, wie Ziele in der Arbeit erreicht werden können
02.009

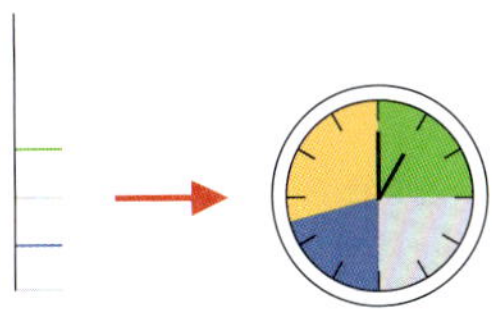

das **Zeitmanagement**
Zeit·ma·nage·ment <–s>
das Organisieren der eigenen Arbeiten, die innerhalb einer bestimmten Frist erledigt werden sollen
auch Zeitplanung
02.010

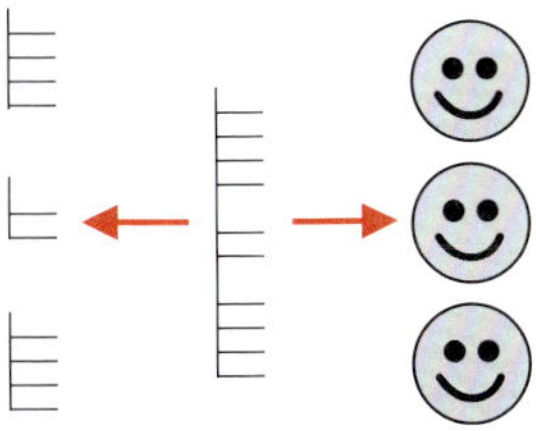

die **Arbeitsteilung**
Ar·beits·tei·lung <–en>
1 Aufgaben werden in mehrere einzelne Tätigkeiten geteilt
2 Aufgaben werden von mehreren Personen erledigt
02.011

die **Bereitstellung von Arbeitsmitteln**
Be·reit·stel·lung von Ar·beits·mit·teln
das Anbieten der Dinge, die zur Erledigung der Arbeit gebraucht werden
02.012

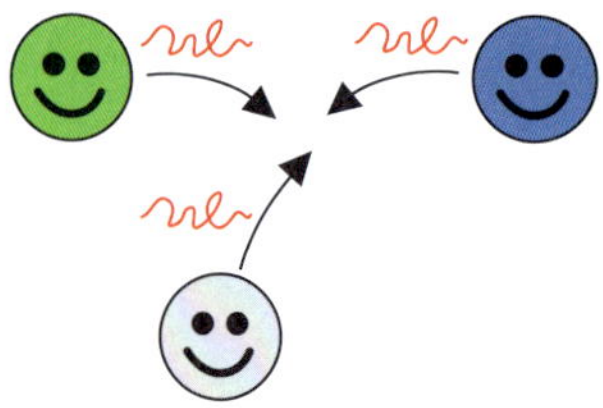

das **Brainstorming**
Brain·stor·ming <–s>
das Sammeln von Ideen in einer Arbeitsgruppe, ohne die Ideen zu diskutieren
02.013

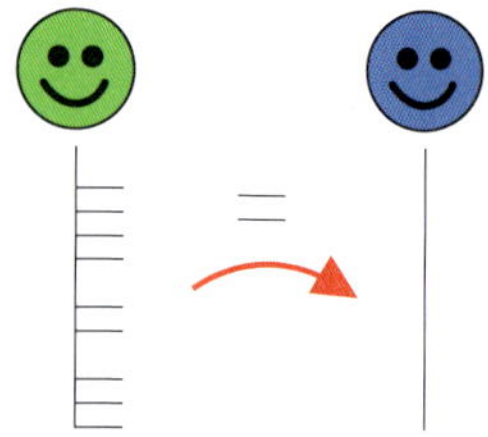

delegieren
de·le·gie·ren
<delegiert, delegierte, hat delegiert>
eine Aufgabe an jemand anderen übertragen
02.014

die **Einpunktabfrage**
Ein·punkt·ab·fra·ge <–n>
die Methode, mit einem Klebepunkt auf einem großen Stück Papier (Flipchart) die eigene Meinung über die Arbeit anderer zu zeigen
02.015

das **Feedback**
Feed·back <–s>
Lob oder Kritik als Reaktion auf eine Person oder Aktion
auch Rückmeldung
02.016

die Gruppenarbeit

Grup·pen·ar·beit <–en>
die Methode, dass mehrere Personen gemeinsam an einer Aufgabe arbeiten
auch Teamwork
02.017

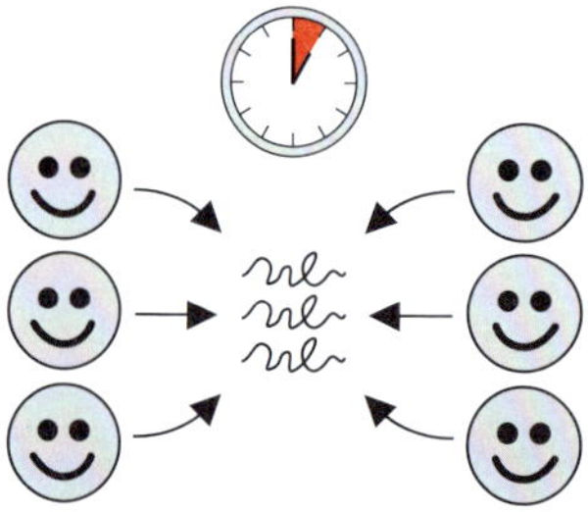

die **6-3-5-Methode**
6-3-5-Me·tho·de *kein Plural*
eine Form der **Gruppenarbeit**, bei der 6 Teilnehmer jeweils 3 Ideen in 5 Minuten entwickeln
02.018

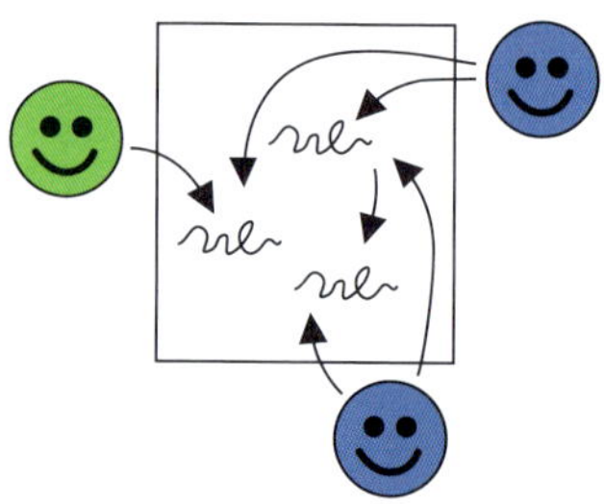

das **Mindmapping**
Mind·map·ping <–s>
eine Lern- und Arbeitsmethode, bei der Gedanken mehrerer Personen zu einem Thema in einer Grafik dargestellt werden
02.019

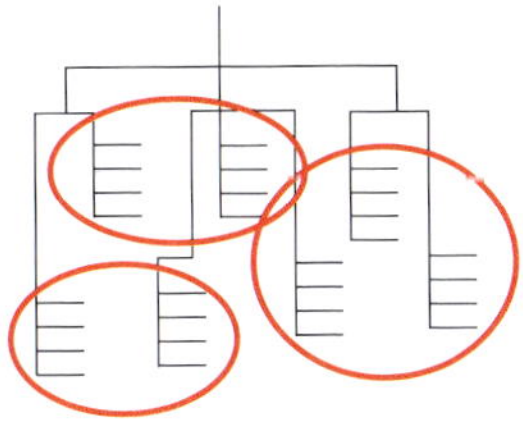

Morphologischer Kasten
Mor·pho·lo·gi·scher Kas·ten
eine Arbeitsmethode, mit der ein kompliziertes Problem in kleinere Bereiche geteilt wird
auch Zwicky-Kasten
02.020

das Plenum
Ple·num <Plenen>
ein Treffen der ganzen Gruppe zur gemeinsamen Diskussion
02.021

die Ich-Botschaft
Ich-Bot·schaft <–en>
Feedback, bei dem man sagt, was man selbst fühlt und denkt
02.022

das Lampenfieber
Lam·pen·fie·ber *kein Plural*
das Gefühl, nervös zu sein, weil man vor vielen Menschen auftreten oder sprechen muss
02.023

die Lernkompetenz
Lern·kom·pe·tenz <–en>
die Fähigkeit, Neues selbstständig und gemeinsam mit anderen zu verstehen und zuordnen zu können
02.024

Lernmethoden

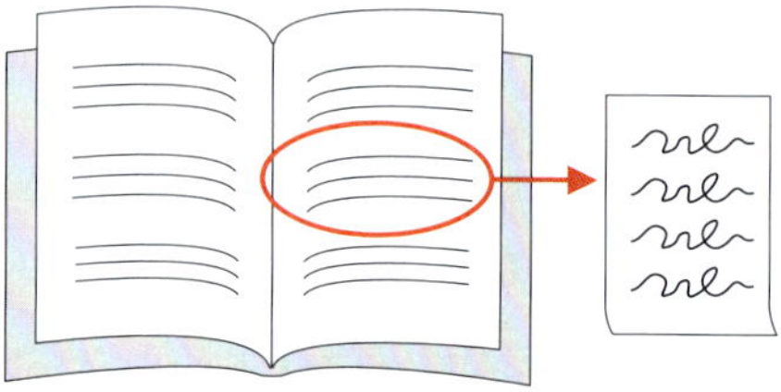

das Exzerpt

Ex·zerpt <–e>

ein Teil eines Textes, den man abschreibt, weil er interessant oder wichtig ist

auch Auszug

02.025

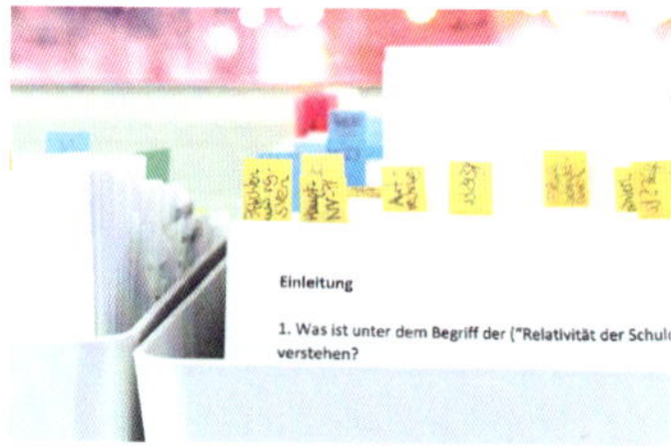

die Lernkartei

Lern·kar·tei <–en>

Karten, die beim Lernen helfen; auf der vorderen Seite steht die Frage, auf der hinteren Seite befindet sich die Antwort (Lösung)

02.026

das Lernplakat

Lern·pla·kat <–e>

eine große Grafik, die man erstellt, um Gelerntes besser im Gedächtnis zu behalten

02.027

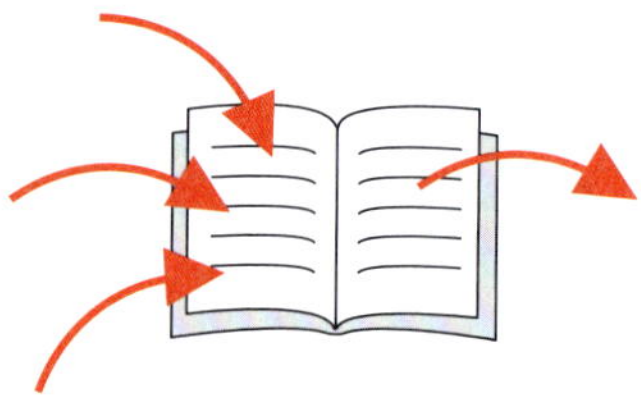

die Methodenkompetenz

Me·tho·den·kom·pe·tenz <–en>

die Fähigkeit, Informationen zu finden, zu ordnen und zu verwenden

02.028

die Reflexion

Re·fle·xi·on <–en>

das Nachdenken über eigenes Denken und Handeln

02.029

das Rollenspiel

Rol·len·spiel <–e>

ein psychologisches Spiel; die Teilnehmer übernehmen die Rolle anderer Personen und denken über deren Verhalten nach

02.030

der **Schutzmechanismus**
Schutz·me·cha·nis·mus <Schutzmechanismen>
eine automatische Reaktion auf eine Gefahr, um sich zu schützen
02.031

der **Spickzettel**
Spick·zet·tel <–>
ein Stück Papier mit Erklärungen oder Stichworten zu dem, was man wissen muss
02.032

die **Stegreifrede**
Steg·reif·re·de <–n>
eine Rede, die man ohne Vorbereitung und Notizen hält
auch Spontanrede, Spontanvortrag
02.033

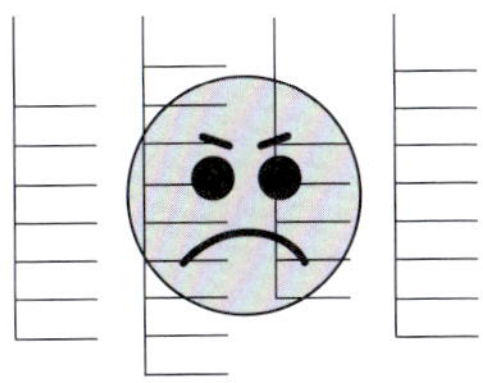

die **Überlastung**
Über·las·tung <–en>
ein Zustand, der entsteht, wenn man zu viel arbeitet
02.034

das **Wir-Gefühl**
Wir-Ge·fühl <–e>
das Gefühl, Mitglied einer Gruppe von Menschen zu sein
auch Teamgeist
02.035

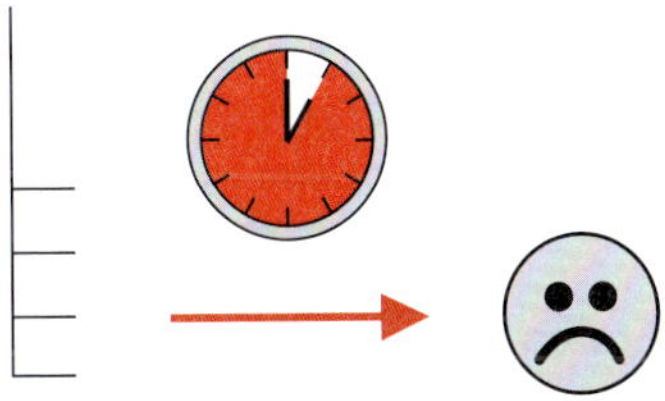

der **Zeitdieb**
Zeit·dieb <–e>
eine Tätigkeit mit schlechtem Ergebnis, die sehr viel Zeit kostet
02.036

die **Ästhetik**
Äs·the·tik <–en>
eine Wissenschaft, die beschreibt, warum Menschen Dinge schön oder hässlich finden
03.001

äußere Erscheinung
äu·ße·re Er·schei·nung
das Aussehen einer Person, ihre Kleidung, Frisur usw.
03.002

die Bedarfsermittlung

Be·darfs·er·mitt·lung <–en>
unterschiedliche Methoden, um zu erfahren, was Kunden wünschen oder welche Waren für das Geschäft bestellt werden müssen
03.003

direkte Bedarfsermittlung
di·rek·te Be·darfs·er·mitt·lung
offene Fragen an den Kunden, um zu erfahren, was gewünscht wird
03.004

erlebnisorientierte Bedarfsermittlung
er·leb·nis·ori·en·tier·te Be·darfs·er·mitt·lung
ein Gespräch mit dem Kunden, um zu erfahren, warum er bestimmte Waren kaufen möchte und welche Ansprüche er hat
03.005

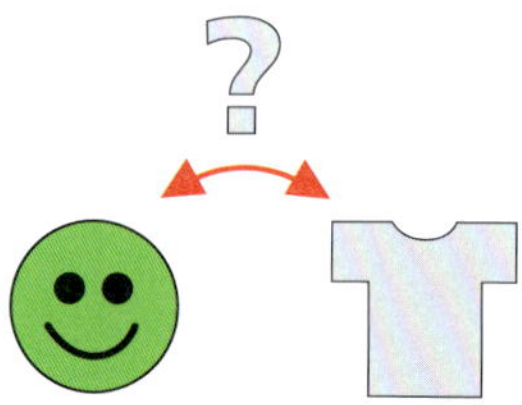

indirekte Bedarfsermittlung
in·di·rek·te Be·darfs·er·mitt·lung
ein Produkt wird dem Kunden gezeigt; durch Beobachten der Reaktion und Fragen wird der Kundenwunsch festgestellt
03.006

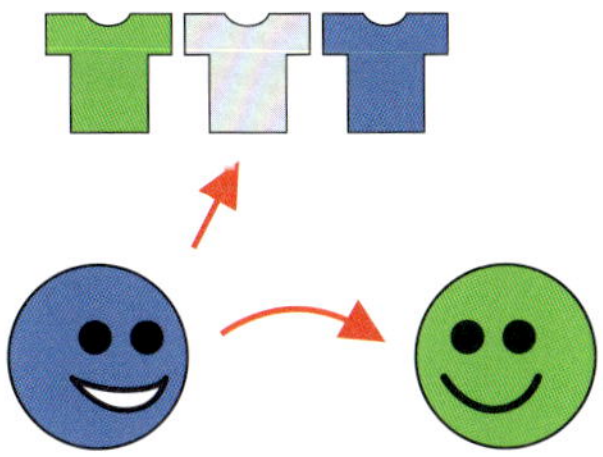

das **Beratungsgespräch**
Be·ra·tungs·ge·spräch <–e>
der Verkäufer informiert den Kunden über **Dienstleistungen** oder Produkte; anders als beim **Verkaufsgespräch** ist das Ziel nicht direkt ein Kauf oder Vertrag
03.007

berufliche Handlungsfähigkeit
be·ruf·li·che Hand·lungs·fä·hig·keit
das spezielle Können und die Kenntnisse, die man für den Beruf benötigt
03.008

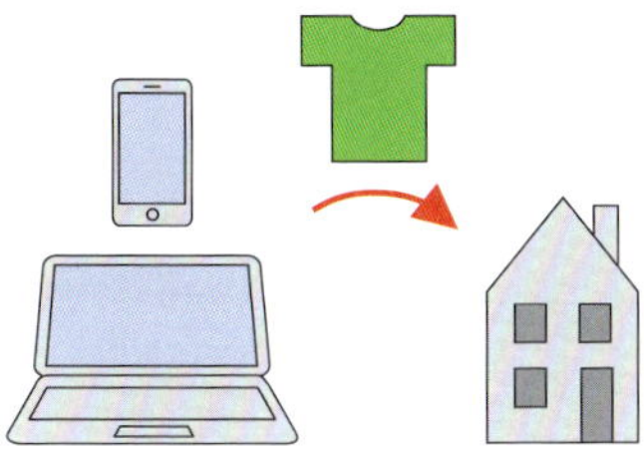

die **Bestellmöglichkeit**
Be·stell·mög·lich·keit <–en>
das Angebot, Waren per Telefon oder im Internet zu bestellen
03.009

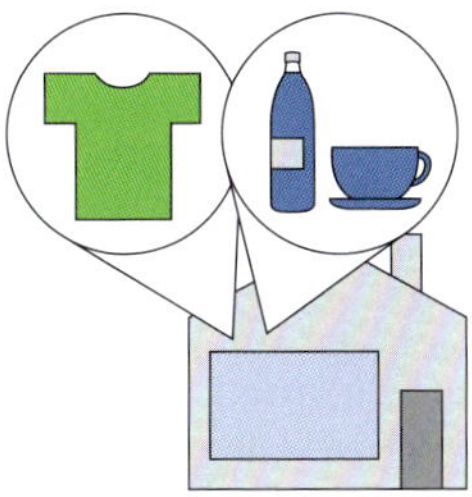

das **Cross-Selling**
Cross-Sel·ling <–s>
der Versuch, zusätzlich zu einem Produkt ergänzende oder passende Dinge zu verkaufen
auch Querverkauf, Kreuzverkauf
03.010

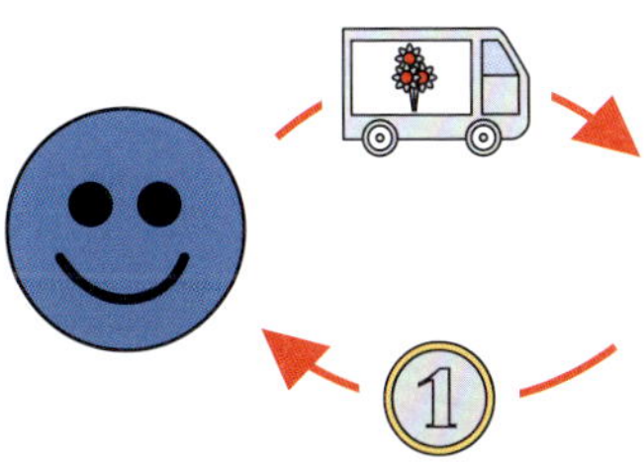

der **Dienstleister**
Dienst·leis·ter <–>
die **Dienstleisterin**
Dienst·leis·te·rin <–nen>
eine Firma oder Person, die eine Arbeit oder einen Service für andere übernimmt
03.011

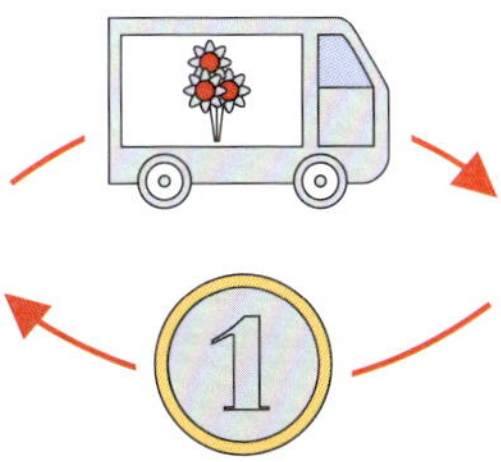

die **Dienstleistung**
Dienst·leis·tung <–en>
eine Arbeit oder Leistung, durch die für jemand anderen eine Aufgabe erledigt wird
03.012

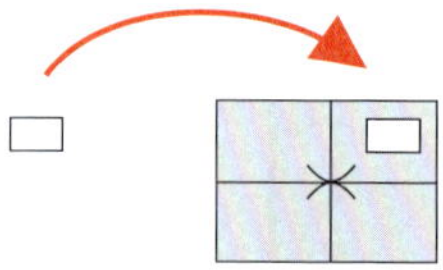

das **Ergänzungsangebot**
Er·gän·zungs·an·ge·bot <–e>
ein Produkt, das für die Nutzung einer Ware benötigt wird; z. B. eine Briefmarke für das Paket
03.013

der **Erlebnisbezug**
Er·leb·nis·be·zug <Erlebnisbezüge>
der Nutzen eines Produktes für eine angenehme Aktivität, z. B. Handy – mit Freunden telefonieren oder chatten
03.014

der **Erlebniskauf**
Er·leb·nis·kauf <Erlebniskäufe>
eine Kaufsituation, in der Kunden den Einkauf als Freizeit oder Erholung erleben
03.015

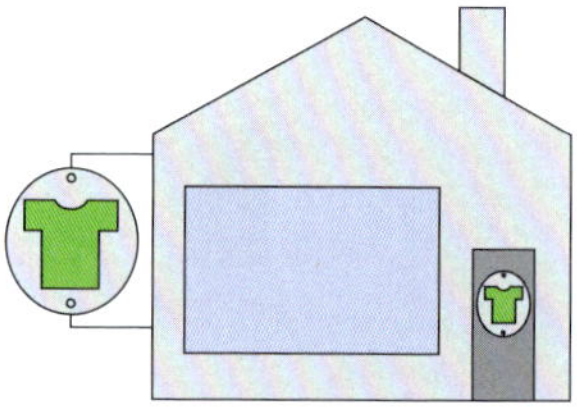

das **Erscheinungsbild**
Er·schei·nungs·bild <–er>
das Aussehen einer Person oder einer Sache
03.016

Kaufablehnung

körpersprachliche Kaufablehnung
kör·per·sprach·li·che Kauf·ab·leh·nung
Kunden möchten eine Ware nicht kaufen; sie zeigen es durch Wegschauen oder **Desinteresse** im Blick
03.017

sprachliche Kaufablehnung
sprach·li·che Kauf·ab·leh·nung
Kunden sagen, dass sie ein Produkt nicht kaufen möchten
03.018

das **Kaufmotiv**

Kauf·mo·tiv <–e>
der Grund, warum jemand ein Produkt kauft;
es gibt **emotionale**, **rationale** und **soziale Kaufmotive**
03.019

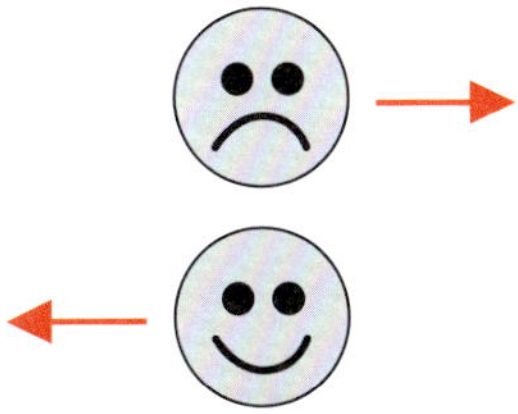

emotionales Kaufmotiv

emo·ti·o·na·les Kauf·mo·tiv
der Kauf einer Sache wird durch die Gefühle (Emotionen) des Käufers bestimmt
03.020

das Ansehen

An·se·hen *kein Plural*
die positive Wirkung und Bedeutung, die Menschen genießen, wenn sie von anderen Menschen anerkannt werden, z. B. weil sie bestimmte Dinge besitzen
auch Prestige
03.021

die Neugier

Neu·gier *kein Plural*
der Käufer möchte etwas Neues probieren oder entdecken
03.022

soziales Kaufmotiv ❶

so·zi·a·les Kauf·mo·tiv
der Käufer möchte sich selbst oder jemand anderem eine Freude machen
03.023

soziales Kaufmotiv ❷

so·zi·a·les Kauf·mo·tiv
der Käufer möchte das gleiche Produkt besitzen wie Freunde oder Nachbarn
03.023

rationales Kaufmotiv

ra·ti·o·na·les Kauf·mo·tiv

der Kauf einer Sache wird von vernünftigen (rationalen) Gründen bestimmt

03.024

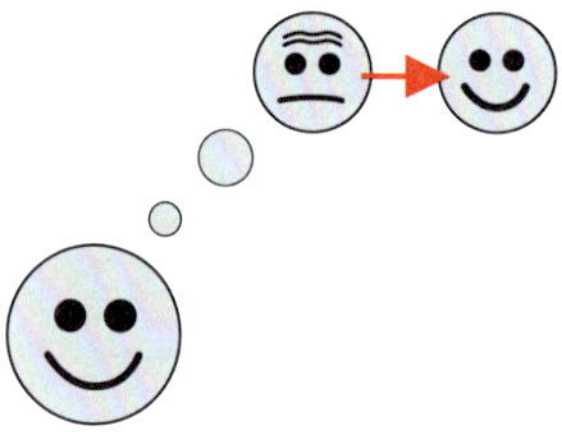

die **Entlastung**

Ent·las·tung <–en>

man kauft etwas, damit ein Problem gelöst wird

03.025

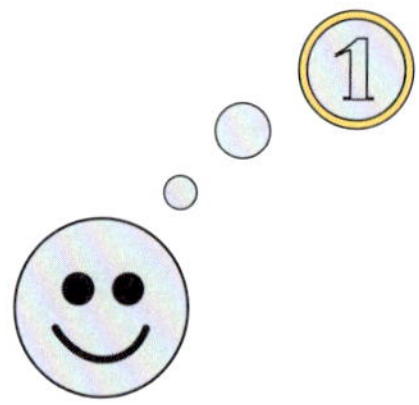

die **Ersparnis**

Er·spar·nis <–se>

man entscheidet sich für ein bestimmtes Produkt, weil es billig ist

03.026

die **Gesundheit**

Ge·sund·heit *kein Plural*

hier: der Wunsch, bis ins hohe Alter gesund zu bleiben, bestimmt die Auswahl der Produkte

03.027

die **Sicherheit**

Si·cher·heit <–en>

hier: die Sorge um die Familie (die Wohnung, das Haus, das Auto usw.) bestimmt die Auswahl der Produkte

03.028

die Kaufabsicht
Kauf·ab·sicht <–en>
ein Ausdruck, der beschreibt, ob jemand überlegt, ein bestimmtes Produkt bald zu kaufen
03.029

die **Kompetenz**
Kom·pe·tenz <–en>
hier: die Fähigkeit, das Können in einem speziellen Bereich
03.030

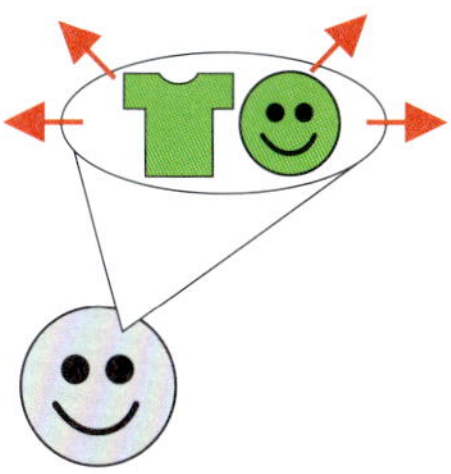

berufliche Handlungskompetenz
be·ruf·li·che Hand·lungs·kom·pe·tenz
die Fähigkeit und das Wissen, als Fachfrau/Fachmann arbeiten und sprechen zu können
03.031

die Fachkompetenz
Fach·kom·pe·tenz <–en>
die Fähigkeit, die Aufgaben eines bestimmten Berufs selbstständig zu erfüllen
auch Sachkompetenz, Fachkenntnis, Fachwissen
03.032

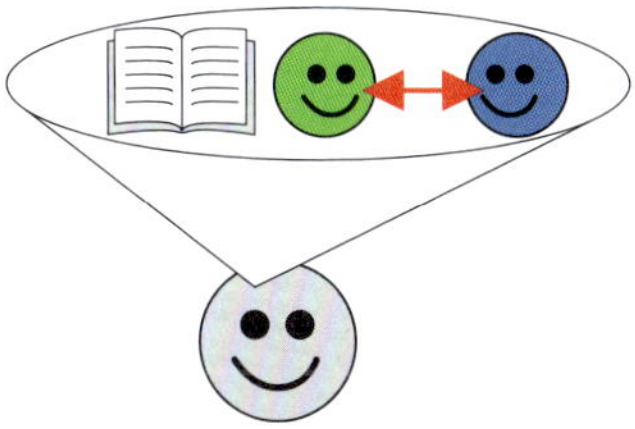

die Humankompetenz
Hu·man·kom·pe·tenz <–en>
die Fähigkeit, Aufgaben in Schule, Beruf und Beziehungen zu anderen Menschen zu lösen
auch Selbstkompetenz
03.033

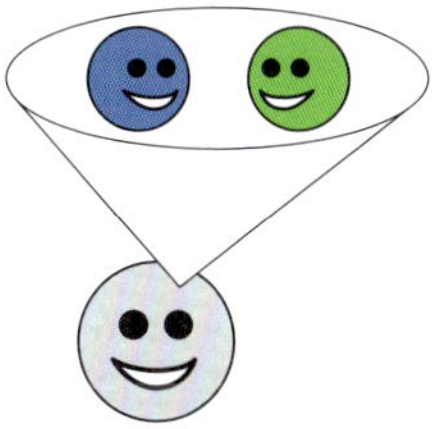

die Kommunikationskompetenz
Kom·mu·ni·ka·ti·ons·kom·pe·tenz <–en>
die Fähigkeit, in Inhalt und Form verständlich zu sprechen und zu schreiben
auch kommunikative Kompetenz
03.034

die **Persönlichkeitskompetenz**
Per·sön·lich·keits·kom·pe·tenz <–en>
Fähigkeiten, die im menschlichen Miteinander und bei der Arbeit helfen; z. B. freundlich, fröhlich und flexibel zu sein, gute Ideen zu haben
auch Personalkompetenz, personale Kompetenz
03.035

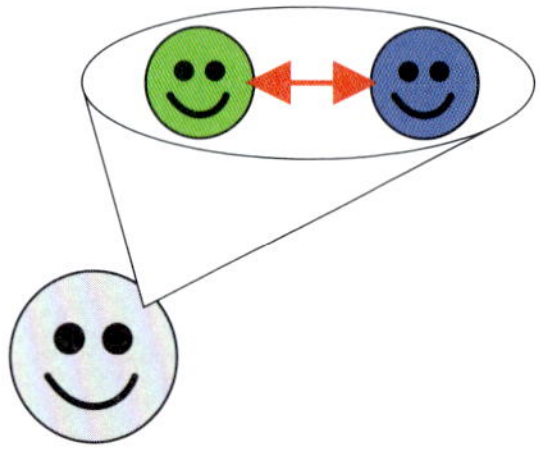

die **Sozialkompetenz**
So·zi·al·kom·pe·tenz <–en>
die Fähigkeit, gemeinsam mit anderen Menschen Probleme erfolgreich und ohne Stress zu lösen
03.036

die **Warenkompetenz**
Wa·ren·kom·pe·tenz <–en>
die Fähigkeit von Hersteller und Handel, die Qualität der Produkte richtig zu erkennen und zu beschreiben
03.037

der Kundeneinwand

Kun·den·ein·wand <Kundeneinwände>
Kunden kritisieren die Ware, den Preis oder die Kaufbedingungen
03.038

die **Einwandbehandlung**
Ein·wand·be·hand·lung <–en>
Verkäufer erklären den Nutzen und Wert der Ware oder die Kaufbedingungen
03.039

das **Signal**
Si·gnal <–e>
hier: ein Zeichen mit einer bestimmten Bedeutung, das man hören oder sehen kann; z. B. ein Lächeln aus Freude oder ein nach unten gezogener Mund, mit dem man ein Nein zeigt
03.040

die **Kundengruppe**

Kun·den·grup·pe <–n>
Käufer werden in Gruppen zusammengefasst, je nachdem wie häufig sie in ein Geschäft gehen
03.041

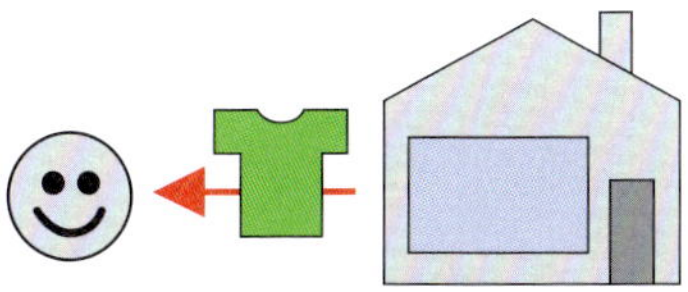

der Einmalkunde
Ein·mal·kun·de <–n>
die Einmalkundin
Ein·mal·kun·din <–nen>
eine Person, die nur einmal in einem Geschäft kauft
03.042

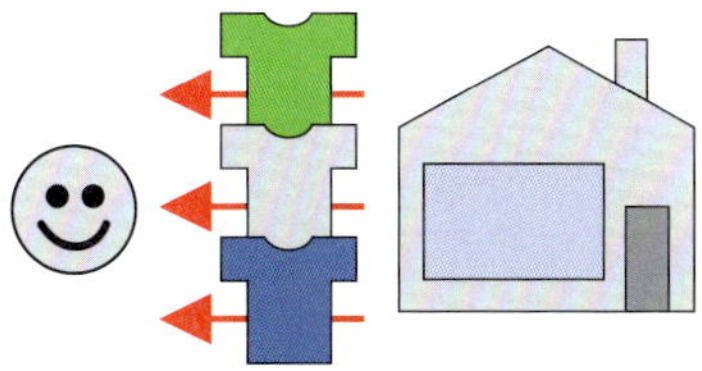

der Gelegenheitskunde
Ge·le·gen·heits·kun·de <–n>
die Gelegenheitskundin
Ge·le·gen·heits·kun·din <–nen>
eine Person, die manchmal in einem Geschäft kauft
03.043

der Laufkunde
Lauf·kun·de <–n>
die Laufkundin
Lauf·kun·din <–nen>
hier: eine Person, die zufällig an einem Geschäft vorbeikommt und dort einkauft, z. B. ein Tourist
03.044

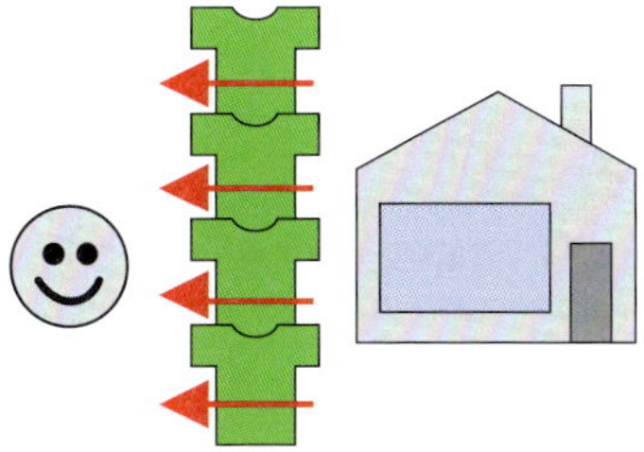

der Stammkunde
Stamm·kun·de <–n>
die Stammkundin
Stamm·kun·din <–nen>
eine Person, die regelmäßig in einem Geschäft einkauft
03.045

der **Kundentyp**

Kun·den·typ <–en>
beschreibt die unterschiedlichen Typen von Käufern
03.046

der Besserwissertyp

Bes·ser·wis·ser·typ <–en>
jemand, der glaubt, alles besser zu wissen, viel redet und seine Gesprächspartner immer wieder unterbricht
03.047

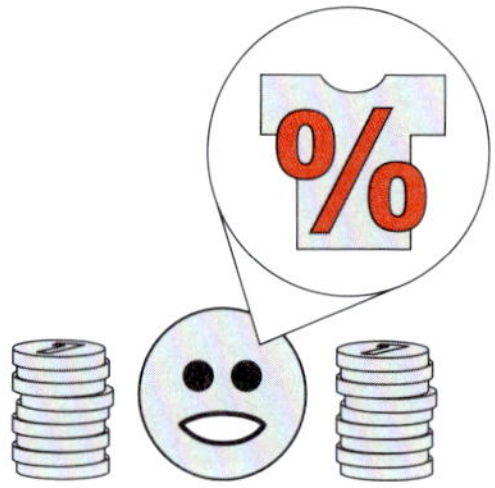

der Geiztyp

Geiz·typ <–en>
ein Kunde, der möglichst wenig Geld ausgeben will; er versucht z. B. zu handeln, um die Ware billiger zu bekommen
03.048

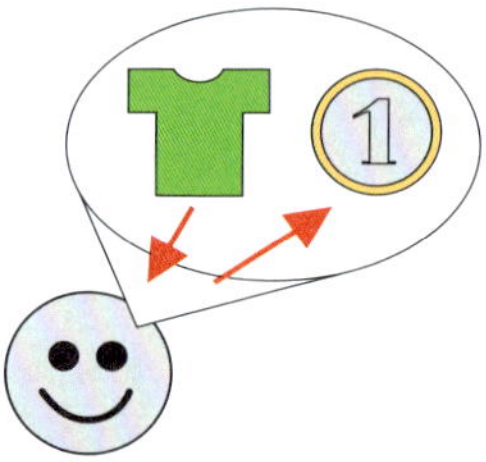

der Impulstyp

Im·puls·typ <–en>
jemand, der etwas sieht oder hört, es sofort besitzen möchte und kauft
03.049

der Kommunikationstyp

Kom·mu·ni·ka·ti·ons·typ <–en>
jemand, der viel redet und auch private Dinge erzählt
03.050

der Konservativtyp

Kon·ser·va·tiv·typ <–en>
jemand, der eher traditionelle Dinge und Gedanken gut findet
03.051

der Modetyp

Mo·de·typ <–en>
jemand, der Dinge kauft, weil sie modern und schick sind
03.052

der **Prestigetyp**
Pres·ti·ge·typ <–en>
jemand, der glaubt, dass der Wert eines Menschen höher ist, wenn er teure Sachen besitzt
03.053

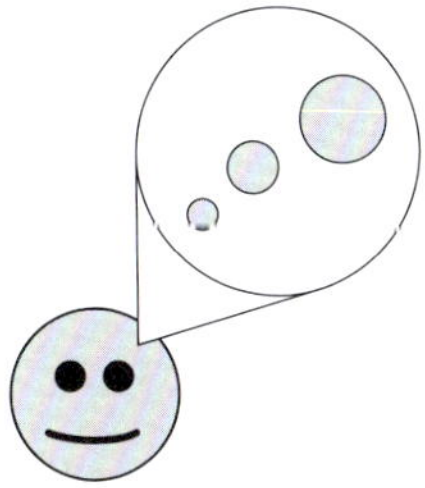

der **Rationaltyp**
Ra·ti·o·nal·typ <–en>
jemand, der gut informiert ist und nachdenkt, bevor er etwas kauft
03.054

der **Sicherheitstyp**
Si·cher·heits·typ <–en>
jemand, der z. B. Qualität, Preis oder Garantie genau prüft, bevor er sich entscheidet
03.055

der **Spartyp**
Spar·typ <–en>
jemand, der wenig Geld ausgeben kann oder möchte; er sucht häufig nach besonders billigen Angeboten
03.056

der **Unentschlossenheitstyp**
Un·ent·schlos·sen·heits·typ <–en>
jemand, der lange zweifelt und sich nur schwer oder gar nicht entscheiden kann
03.057

der **Zeitspartyp**
Zeit·spar·typ <–en>
jemand, der immer wieder zeigt, dass er es eilig hat
03.058

das **Verkaufsgespräch**

Ver·kaufs·ge·spräch <–e>
Verkäufer sprechen mit Kunden; Ziel der Gespräche ist der Abschluss eines Geschäfts oder Vertrags
03.059

die Kontaktphase

Kon·takt·pha·se <–n>
der Verkäufer begrüßt den Kunden und fragt nach seinen Wünschen
03.060

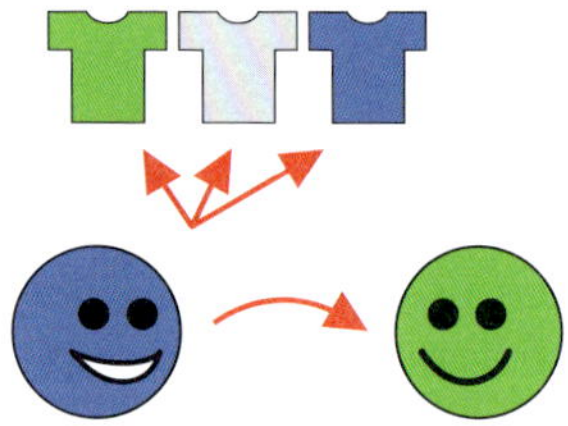

die Angebotsphase

An·ge·bots·pha·se <–n>
der Verkäufer zeigt dem Kunden unterschiedliche Arten einer Ware; der Kunde wählt ein Produkt
03.061

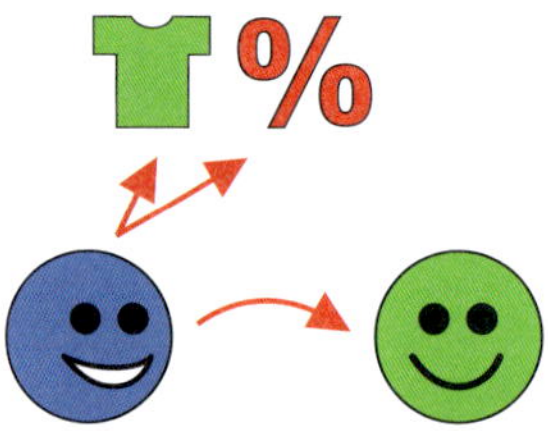

die Warenvorlage

Wa·ren·vor·la·ge <–n>
der Verkäufer präsentiert dem Kunden ein spezielles Produkt und erklärt das Besondere daran (die Warenmerkmale)
03.062

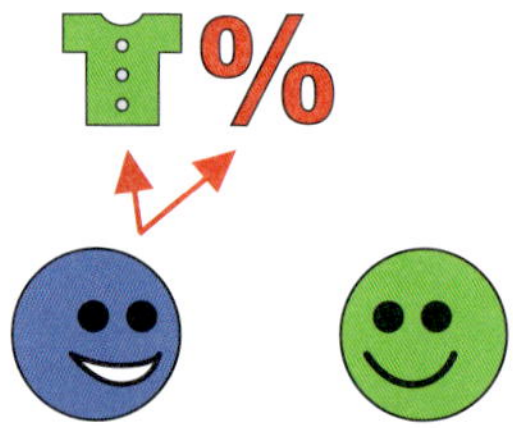

die Argumentationsphase

Ar·gu·men·ta·ti·ons·pha·se <–n>
der Verkäufer versucht, den Kunden auf Grundlage des **Kaufmotivs** von den Vorteilen der Ware zu überzeugen
03.063

das Verkaufsargument

Ver·kaufs·ar·gu·ment <–e>
alle Vorteile und positiven Punkte einer Ware, die der Verkäufer nennen kann
03.064

die Abschlussphase

Ab·schluss·pha·se <–n>
letzter Teil des **Verkaufsgesprächs**; der Verkäufer bestätigt die Kaufentscheidung des Kunden und zeigt ihm den Weg zur Kasse
03.065

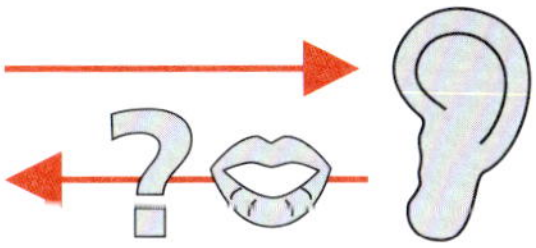

aktives Zuhören
ak·ti·ves Zu·hö·ren
eine Form des Zuhörens, bei der man durch kurze Kommentare und Fragen Aufmerksamkeit und Offenheit zeigt
04.001

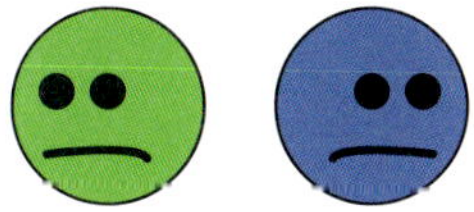

die **Antipathie**
An·ti·pa·thie <–n>
das negative Gefühl, jemanden oder etwas abzulehnen, nicht zu mögen
04.002

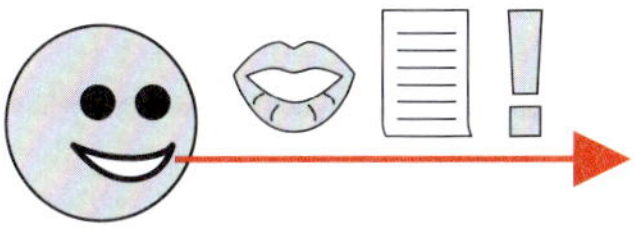

die **Argumentationsfähigkeit**
Ar·gu·men·ta·ti·ons·fä·hig·keit <–en>
die Fähigkeit, etwas mit überzeugenden Worten zu beschreiben oder zu erklären
04.003

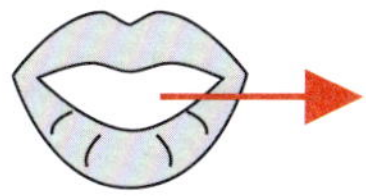

die **Artikulation**
Ar·ti·ku·la·ti·on <–en>
hier: die Art, wie man Wörter und einzelne Laute ausspricht
04.004

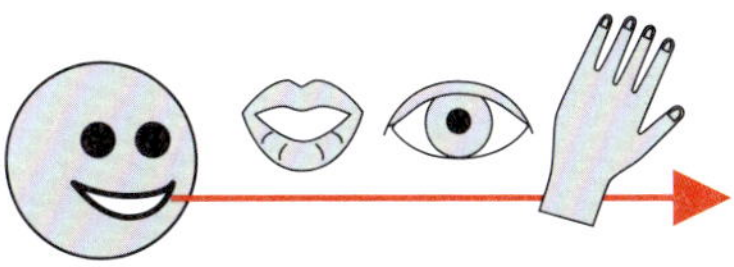

die **Ausdrucksfähigkeit**
Aus·drucks·fä·hig·keit <–en>
die Fähigkeit, etwas mit Worten oder durch Bewegungen von Händen und Kopf (z. B. Winken, Kopfschütteln) mitzuteilen
04.005

das **Desinteresse**
Des·in·te·res·se *kein Plural*
fehlendes Interesse an jemandem oder etwas
04.006

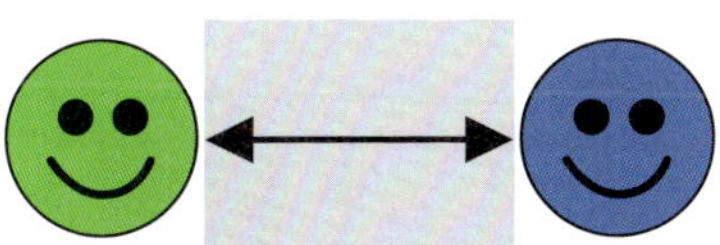

die **Distanzzone**
Dis·tanz·zo·ne <–n>
hier: die Entfernung einer Armlänge, die der Verkäufer mindestens zum Kunden einhalten sollte
04.007

die **Empathie**
Em·pa·thie <–n>
die Fähigkeit, die Gefühle anderer Menschen zu erkennen und zu verstehen
04.008

die **Fragetechnik**
Fra·ge·tech·nik <–en>
das Verwenden bestimmter Formen von Fragen
04.009

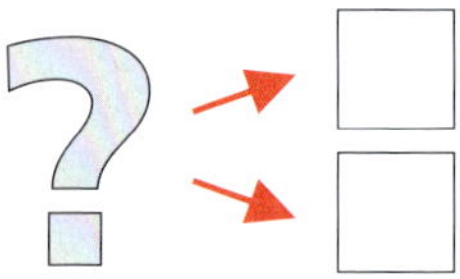

die Alternativfrage
Al·ter·na·tiv·fra·ge <–n>
eine Frage, auf die verschiedene Antworten möglich sind, aber nicht Ja oder Nein
04.010

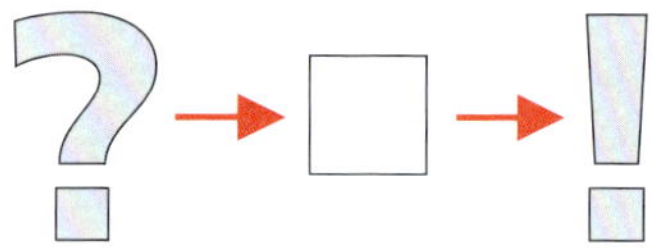

die Bestätigungsfrage
Be·stä·ti·gungs·fra·ge <–n>
eine Frage, in der bereits Gesagtes wiederholt oder zusammengefasst wird
auch Vergewisserungsfrage
04.011

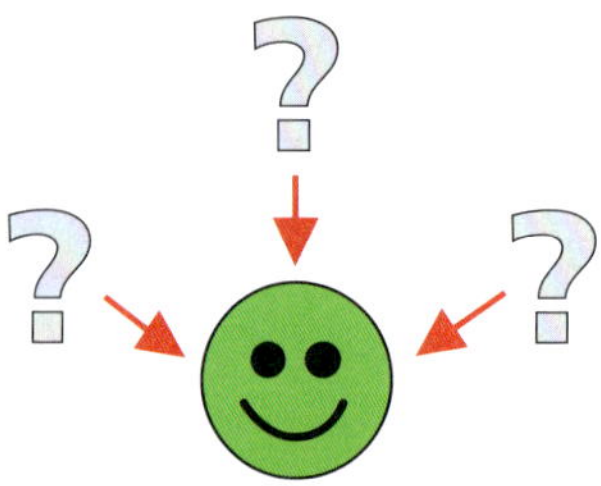

die Erkundungsfrage
Er·kun·dungs·fra·ge <–n>
hier: eine Frage nach den Wünschen des Kunden
04.012

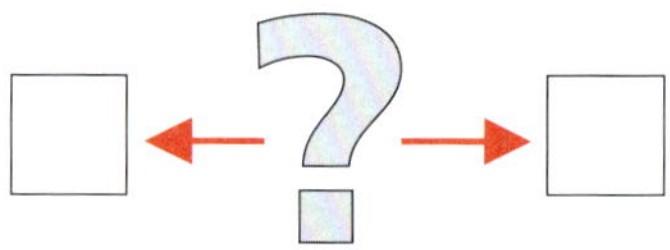

geschlossene Frage
ge·schlos·se·ne Fra·ge
eine Frage, die mit Ja oder Nein beantwortet werden kann
04.013

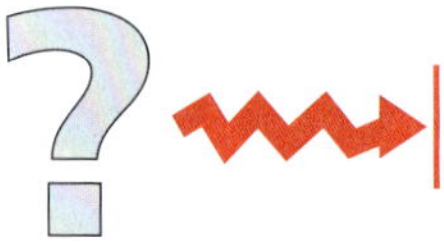

die Killerfrage
Kil·ler·fra·ge <–n>
hier: eine Frage, die das **Verkaufsgespräch** beschränkt, stört oder sogar beendet
04.014

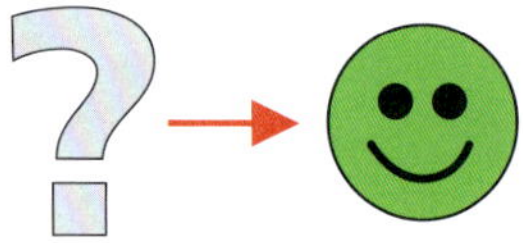

die Kontaktfrage
Kon·takt·fra·ge <–n>
hier: eine einfache Frage, um das Gespräch mit dem Kunden zu beginnen
04.015

offene Frage
of·fe·ne Fra·ge
eine Frage, die nicht nur mit Ja oder Nein, sondern mit anderen Informationen beantwortet wird; ist eine Einladung zum Gespräch
auch Informationsfrage, W-Frage
04.016

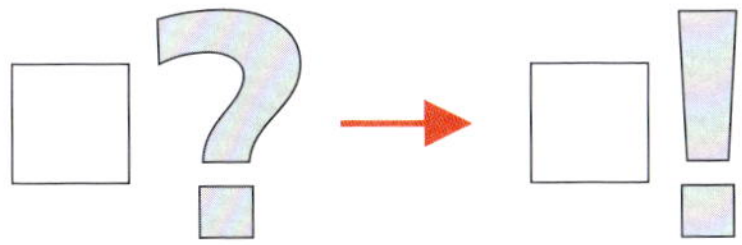

rhetorische Frage
rhe·to·ri·sche Fra·ge
eine Frage, deren Ziel keine Information, sondern die Bestätigung einer Aussage ist
04.017

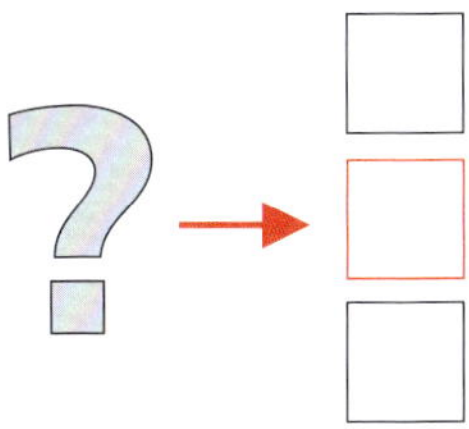

die Suggestivfrage
Sug·ges·tiv·fra·ge <–n>
hier: eine Frage, mit der die Antwort des Kunden beeinflusst werden soll
04.018

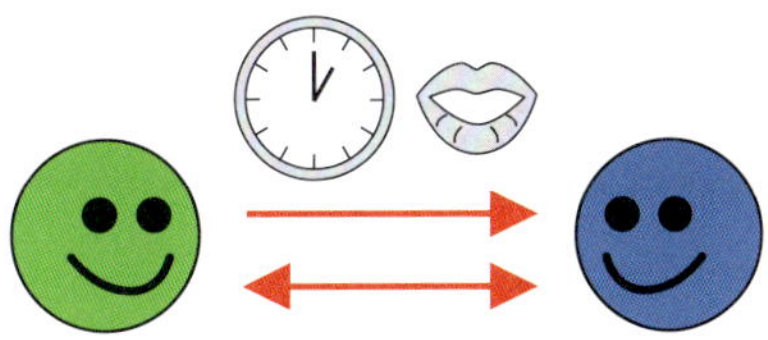

Gebesi
Ge·be·si
lang Gesprächsbereitschaft signalisieren
ein Verhalten, mit dem gezeigt wird, dass man Zeit für ein Gespräch hat
04.019

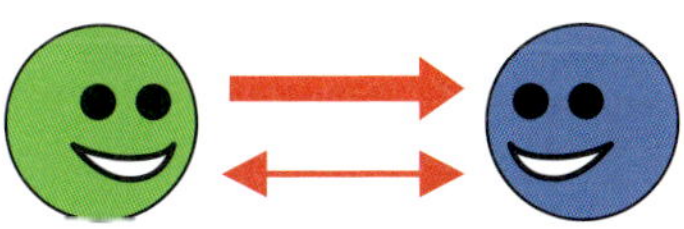

der Gesprächsförderer
Ge·sprächs·för·de·rer <–>
positive Fragen und Respekt vor dem, was der andere sagt
04.020

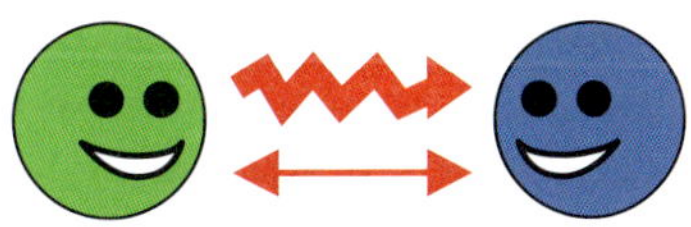

der Gesprächsstörer
Ge·sprächs·stö·rer <–>
Aktivitäten und Worte, die ein Gespräch unterbrechen
auch Gesprächsblocker
04.021

Grundlagen der Kommunikation

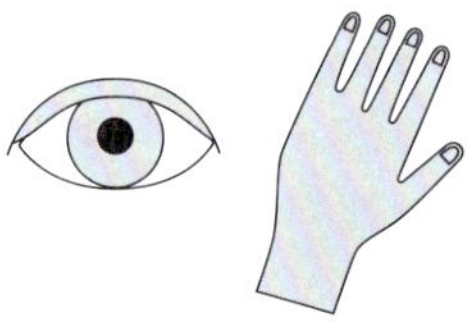

die Körpersprache
Kör·per·spra·che <–n>
das, was Menschen durch Bewegungen von Gesicht, Händen und Körper „sagen"
04.022

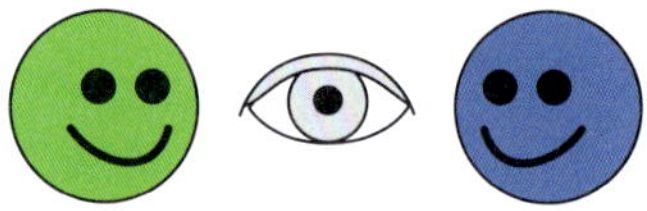

nonverbale Kommunikation
non·ver·ba·le Kom·mu·ni·ka·ti·on
die Kommunikation ohne Worte, nur durch **Körpersprache** und Handlungen
04.023

symmetrische Kommunikation
sym·me·tri·sche Kom·mu·ni·ka·ti·on
ein Gespräch, bei dem alle möglichst gleich viel und gleich laut oder leise reden
04.024

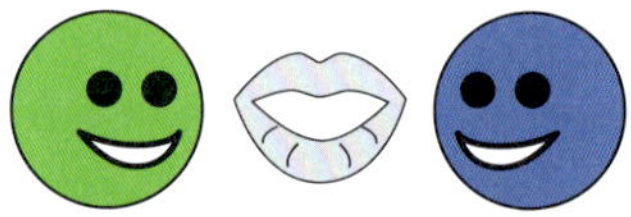

verbale Kommunikation
ver·ba·le Kom·mu·ni·ka·ti·on
Kommunikation mit gesprochenen oder geschriebenen Worten
04.025

die Kritikfähigkeit ❶
Kri·tik·fä·hig·keit *kein Plural*
die Fähigkeit, jemanden zu kritisieren
04.026

die Kritikfähigkeit ❷
Kri·tik·fä·hig·keit *kein Plural*
die Fähigkeit, Kritik zu akzeptieren
04.026

das **Kommunikationsmodell**

Kom·mu·ni·ka·ti·ons·mo·dell <–e>
unterschiedliche Methoden,
mit denen Wissenschaftler erklären,
wie Kommunikation funktioniert
04.027

das Sender-Empfänger-Modell
Sen·der-Emp·fän·ger-Mo·dell *kein Plural*
der **Sender** teilt dem **Empfänger**
eine Nachricht mit; der **Empfänger**
erhält die Nachricht und versteht sie
04.028

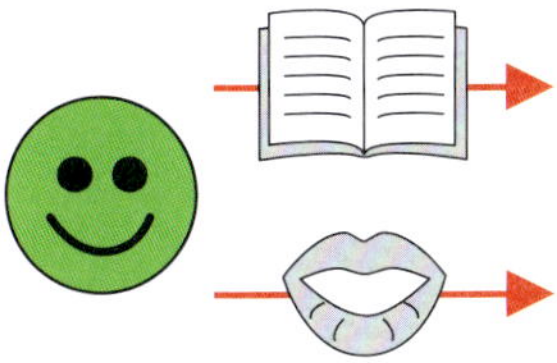

der Sender
Sen·der <–>
die Senderin
Sen·de·rin <–nen>
hier: eine Person, die Mitteilungen
und Informationen gesprochen
oder geschrieben weitergibt
04.029

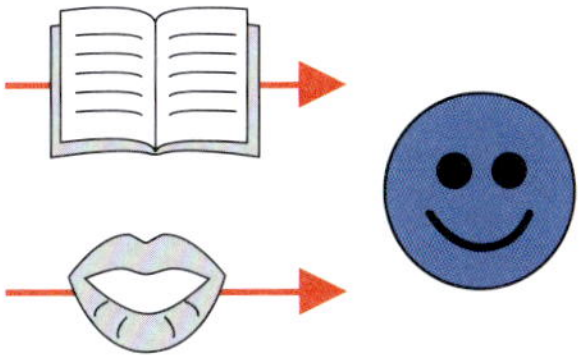

der Empfänger
Emp·fän·ger <–>
die Empfängerin
Emp·fän·ge·rin <–nen>
hier: eine Person, die Mitteilungen
und Informationen hört oder liest
04.030

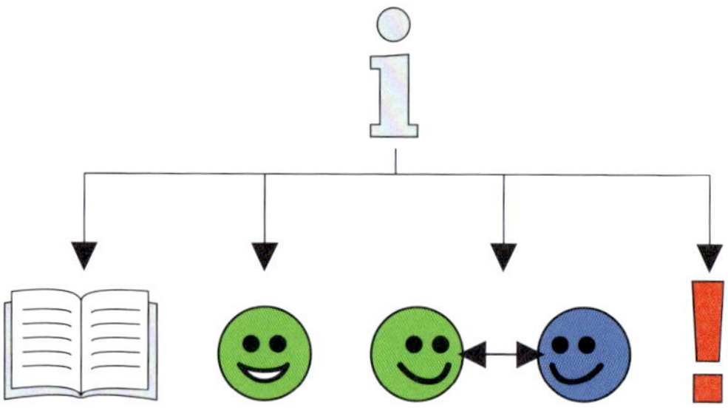

das Vier-Seiten-Modell
Vier-Sei·ten-Mo·dell *kein Plural*
ein **Kommunikationsmodell**,
das jede Nachricht in vier Bereiche teilt
auch Vier-Ohren-Modell, Nachrichtenquadrat
04.031

die Sachebene
Sach·ebe·ne <–n>
der Bereich, in dem über Daten
und Inhalte gesprochen wird
auch Inhaltsebene
04.032

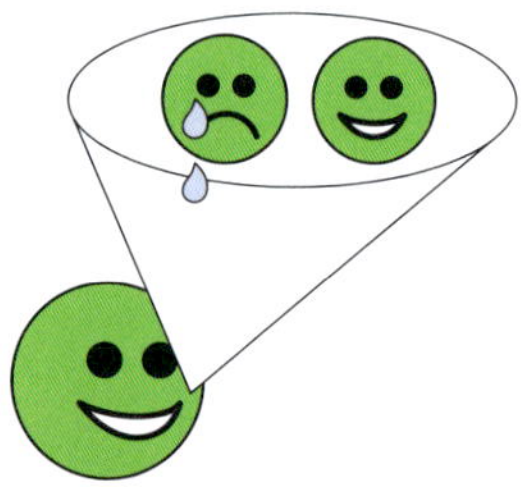

die Selbstoffenbarung
Selbst·of·fen·ba·rung <–en>
der Bereich, in dem jemand seine
Gefühle oder seine Meinung mitteilt
auch Selbstkundgabe
04.033

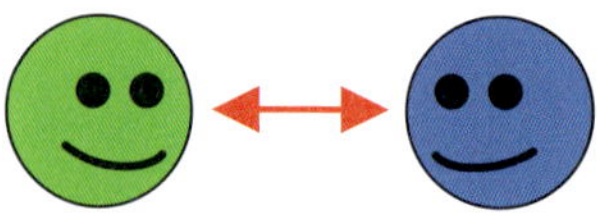

die Beziehungsebene
Be·zie·hungs·ebe·ne <–n>
der Bereich, in dem sich zeigt,
ob Sprecher und Hörer sich mögen
auch Gefühlsebene
04.034

der Appell
Ap·pell <–e>
der Bereich, der die Bitte, Aufforderung
oder Mahnung enthält, etwas zu tun
oder zu unterlassen
04.035

die **Preisargumentation**

Preis·ar·gu·men·ta·ti·on <–en>
Methoden, den Preis einer Ware so zu nennen, dass der Kunde ihn leicht akzeptieren kann
04.036

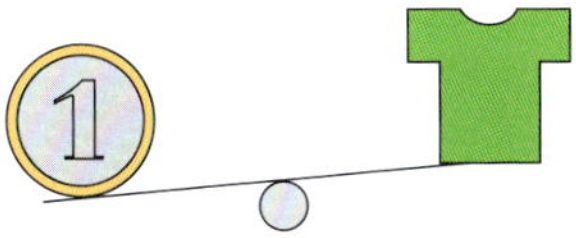

das Preis-Leistungs-Verhältnis
Preis-Leis·tungs-Ver·hält·nis <–se>
die Beziehung von Kosten und Wert oder Nutzen einer Ware oder **Dienstleistung**
auch Preis-Leistungs-Beziehung
04.037

die Vergleichsmethode
Ver·gleichs·me·tho·de <–n>
der Vergleich der Preise von zwei ähnlichen Produkten
04.038

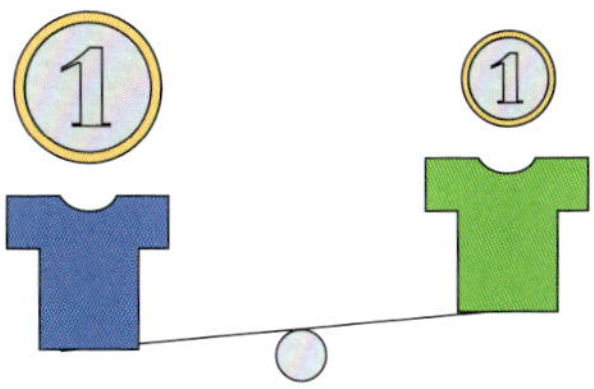

die Verharmlosungsmethode
Ver·harm·lo·sungs·me·tho·de <–n>
der Preis einer Ware wird durch den Vergleich mit einem anderen Produkt als relativ gering dargestellt
04.039

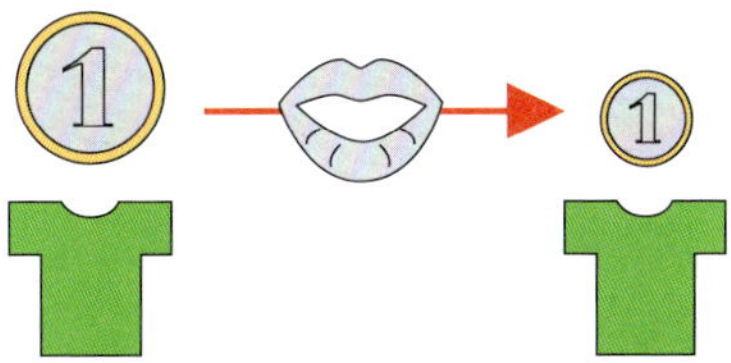

die Verkleinerungsmethode
Ver·klei·ne·rungs·me·tho·de <–n>
der Preis wird durch bestimmte Worte als günstig dargestellt, z. B. „kostet bloß/nur"
auch optische Verkleinerung
04.040

die Zerlegungsmethode
Zer·le·gungs·me·tho·de <–n>
beim Kauf von mehreren Produkten werden nur die einzelnen Preise und nie die Summe genannt
04.041

die Verkaufsform

Ver·kaufs·form <–en>
unterschiedliche Methoden, Kunden zu bedienen, mit oder ohne **Beratungs-** oder **Verkaufsgespräch**
auch Bedienungsform, Anbieteform
04.042

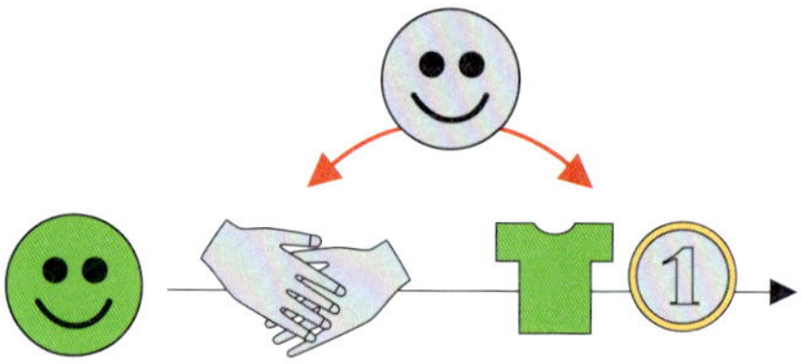

die Bedienung

Be·die·nung <–en>
hier: der Kunde wird vom Personal begrüßt und erhält auf Wunsch ein **Beratungs-** oder **Verkaufsgespräch**
04.043

die Mehrfachbedienung

Mehr·fach·be·die·nung <–en>
der Verkäufer wechselt zwischen mehreren Kunden, die sich für unterschiedliche Produkte interessieren
04.044

die Parallelbedienung

Pa·ral·lel·be·die·nung <–en>
der Verkäufer berät oder bedient mehrere Kunden gleichzeitig, die sich für dasselbe Produkt interessieren
04.045

die Selbstbedienung

Selbst·be·die·nung <–en> *kurz* SB
hier: der Kunde nimmt sich die Ware selbst, geht damit zur Kasse und bezahlt
04.046

die Vollbedienung

Voll·be·die·nung <–en>
der Kunde wird begrüßt, beraten, bedient und verabschiedet
04.047

das Vorwahlsystem

Vor·wahl·sys·tem <–e>
der Kunde informiert sich über das Angebot und wählt die Ware; das Personal hilft bei Fragen und an der Kasse
auch Vorwahl, Teilbedienung
04.048

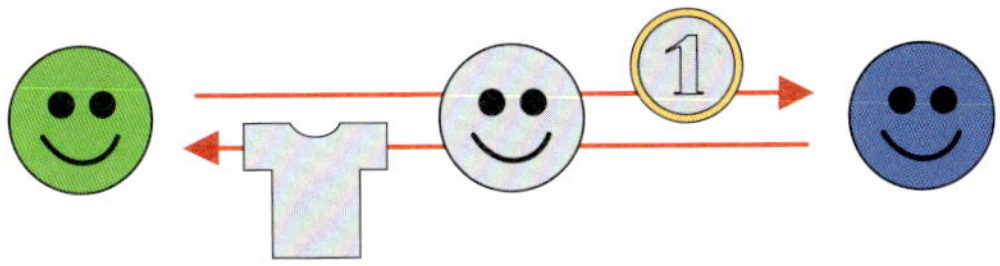

der **Besorgungskauf**
Be·sor·gungs·kauf <Besorgungskäufe>
ein Einkauf, den eine Person
für eine andere erledigt
05.001

demografisches Kriterium
de·mo·gra·fi·sches Kri·te·ri·um
etwas, wodurch sich Teile der Bevölkerung voneinander unterscheiden,
z. B. Alter, Beruf, Einkommen, Geschlecht, Religion usw.
05.002

das **Abgabeverbot**
Ab·ga·be·ver·bot <–e>
das Verbot, bestimmte Waren an
einige Personengruppen zu verkaufen,
z. B. Alkohol an Kinder und Jugendliche
05.003

der **Best Ager**
Best Ager <–>
die **Best Agerin**
Best Age·rin <–nen>
eine Person, die älter als 50 Jahre ist
auch Golden Ager, Mature Consumer, 50plus
05.004

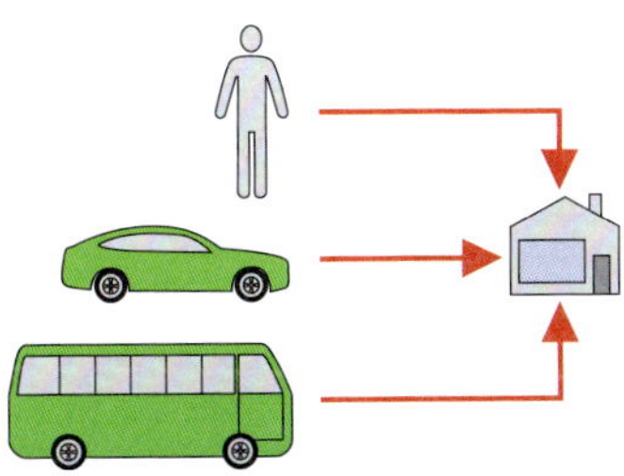

die **Mobilität**
Mo·bi·li·tät *kein Plural*
hier: die Möglichkeit, bestimmte Ziele
mit Fahrzeugen oder zu Fuß zu erreichen
05.005

der **Fehlartikel**
Fehl·ar·ti·kel <–>
eine Ware, die der Kunde gerne kaufen würde, gibt es nicht im Geschäft
05.006

der **Hochbetrieb**
Hoch·be·trieb *kein Plural*
eine Zeit, in der sehr viele Kunden gleichzeitig einkaufen
05.007

der **Kundenandrang**
Kun·den·an·drang *kein Plural*
die hohe oder geringe Anzahl von Kunden, die gleichzeitig einkaufen
05.008

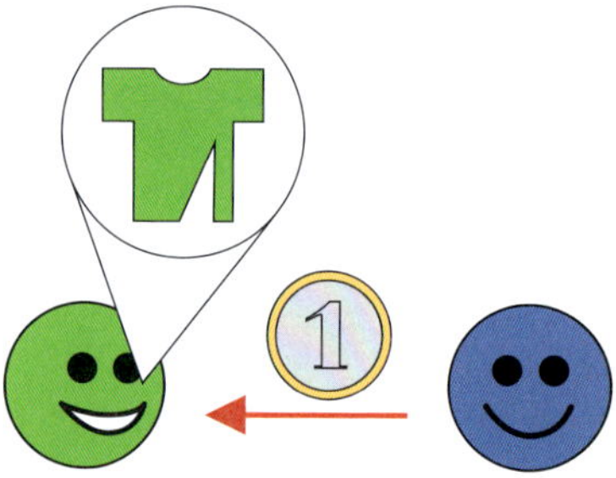

die **Kulanz**
Ku·lanz *kein Plural*
großzügiges Verhalten, mit dem man jemandem entgegenkommt, z. B. bei einer **Beschwerde** oder **Reklamation**
05.009

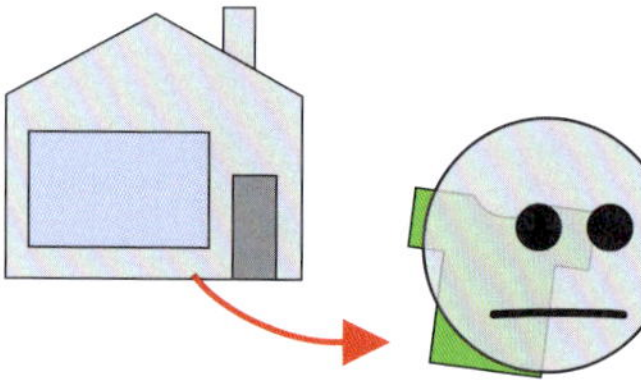

der **Ladendieb**
La·den·dieb <–e>
die **Ladendiebin**
La·den·die·bin <–nen>
eine Person, die in einem Geschäft eine Ware stiehlt (Ladendiebstahl begeht)
05.010

Ladendiebstahl

die **Ablenkmethode**
Ab·lenk·me·tho·de <–n>
eine Methode, mit welcher der **Ladendieb** verhindert, dass er beobachtet wird
05.011

die **Kassenbonmethode**
Kas·sen·bon·me·tho·de *kein Plural*
eine Methode, bei welcher der **Ladendieb** einen fremden **Kassenbon** als eigenen benutzt
05.012

die **Kinderwagenmethode**
Kin·der·wa·gen·me·tho·de *kein Plural*
eine Methode, bei welcher der **Ladendieb** nicht bezahlte Ware im Kinderwagen versteckt
05.013

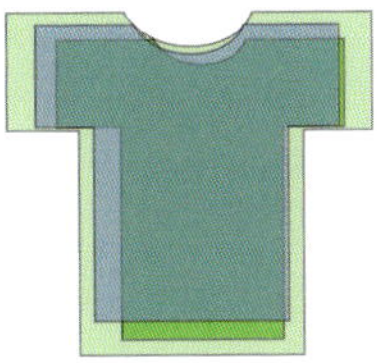

die **Schälmethode**
Schäl·me·tho·de *kein Plural*
eine Methode, bei welcher der **Ladendieb** nicht bezahlte Kleidung unter seiner eigenen Kleidung trägt
auch Zwiebeltrick
05.014

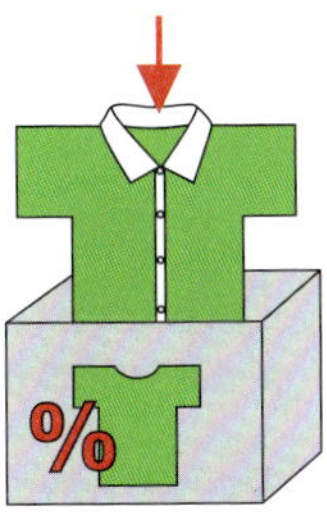

die **Umpackmethode**
Um·pack·me·tho·de *kein Plural*
eine Methode, bei welcher der **Ladendieb** ein teures Produkt in die Verpackung einer preiswerten Ware legt
05.015

die **Versteckmethode**
Ver·steck·me·tho·de <–n>
eine Methode, bei welcher der **Ladendieb** eine Ware am Körper oder in einer Tasche versteckt
05.016

die **Präventivmaßnahme**

Prä·ven·tiv·maß·nah·me <–n>
hier: eine Aktion zum Schutz der Ware vor **Ladendieben**
05.017

der Blickkontakt

Blick·kon·takt <–e>
hier: die Methode, Kunden in die Augen zu sehen, um Ladendiebstahl zu verhindern
05.018

elektronische Artikelsicherung

elek·tro·ni·sche Ar·ti·kel·si·che·rung *kurz* EAS
ein **Etikett**, das elektronische Signale sendet und so die Ware vor **Ladendieben** schützt
auch Warensicherungsetikett
05.019

die Fangprämie

Fang·prä·mie <–n>
Geld, das jemand erhält, wenn er einen **Ladendieb** meldet
05.020

das Hausverbot

Haus·ver·bot <–e>
hier: das Verbot für bekannte **Ladendiebe**, das Geschäft zu betreten
05.021

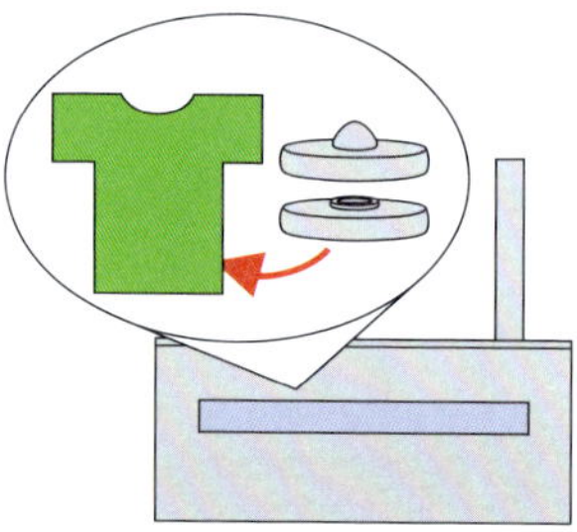

die Quellensicherung

Quel·len·si·che·rung <–en>
ein System zum Schutz der Ware vor **Ladendieben**; es kommt schon bei der Produktion an die Ware oder die Verpackung und ist oft nicht zu sehen
auch Warensicherung
05.022

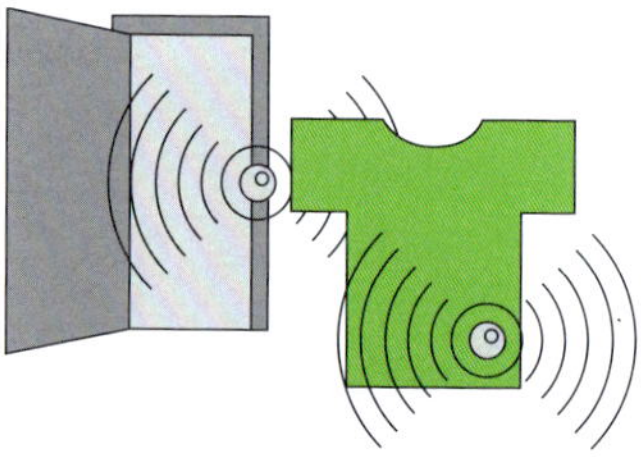

die RFID-Technik

RFID-Tech·nik <–en>
lang Radiofrequenz-Identifikation
eine Technik zum Schutz der Ware vor **Ladendieben**; sie funktioniert mithilfe von Radiowellen
05.023

die **Videoüberwachung**
Vi·deo·über·wa·chung <–en>
das Beobachten von Personen
(hier: Kunden im Laden) mit Kameras
05.024

psychologisches Kriterium
psy·cho·lo·gi·sches Kri·te·ri·um
hier: eine Ursache für das Kaufverhalten
05.025

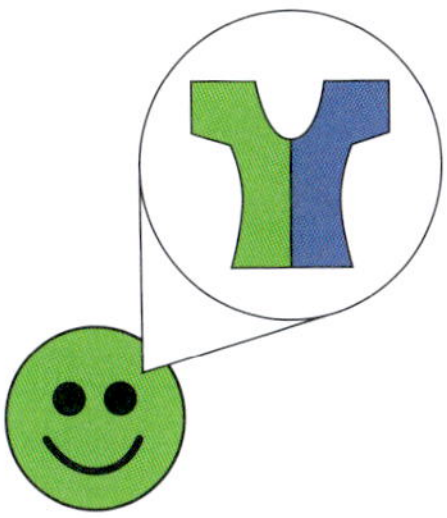

die **Experimentierfreude**
Ex·pe·ri·men·tier·freu·de *kein Plural*
der Spaß daran, etwas Neues zu probieren
05.026

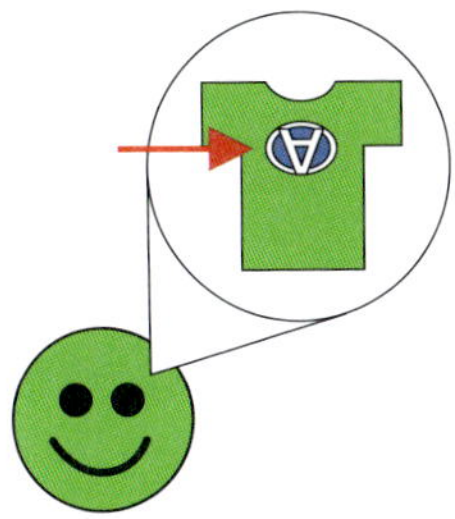

das **Markenbewusstsein**
Mar·ken·be·wusst·sein *kein Plural*
der Wunsch, Marken**artikel** zu kaufen
05.027

das **Preisbewusstsein**
Preis·be·wusst·sein *kein Plural*
der Wunsch, Ware zu kaufen, die preiswert ist
05.028

die **Unentschlossenheit**
Un·ent·schlos·sen·heit *kein Plural*
hier: die Schwierigkeit,
sich für ein Produkt zu entscheiden
05.029

die **Reklamation**
Re·kla·ma·ti·on <–en>
hier: Worte, mit denen man sich über den Zustand einer Ware oder einen Service beschwert
auch Beschwerde
05.030

der **Spätkunde**
Spät·kun·de <–n>
die **Spätkundin**
Spät·kun·din <–nen>
eine Person, die in das Geschäft kommt, kurz bevor es schließt
05.031

der **Spontankauf**
Spon·tan·kauf <Spontankäufe>
ein schneller Kauf, der nicht überlegt und geplant war
05.032

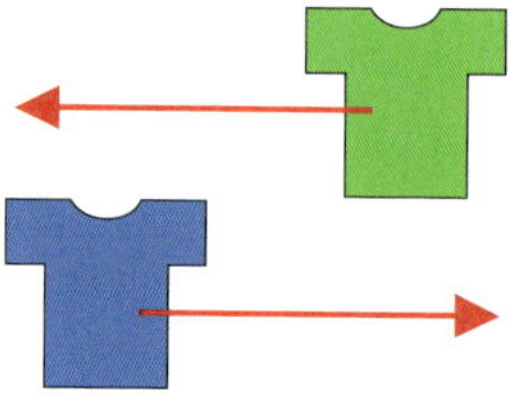

der **Umtausch**
Um·tausch <Umtäusche/–e>
das Zurückgeben einer Ware, für die man dann eine andere nimmt
05.033

der **Barcode**
Bar·code <–s>
eine kleine Grafik mit dicken und dünnen Linien auf der Ware; sie enthält Informationen, die elektronisch gelesen werden
auch Balkencode, Streifencode, Strichcode
06.001

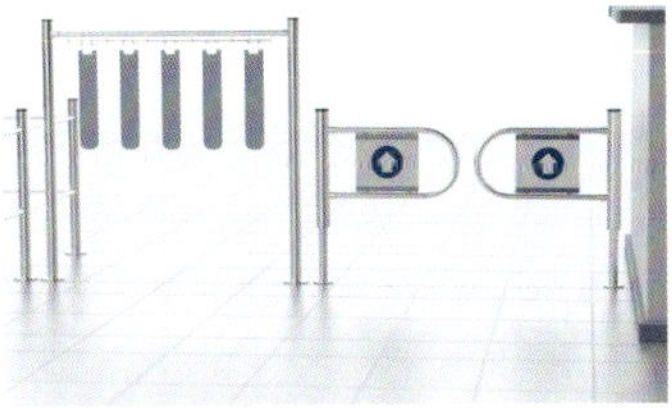

der **Check-in**
Check-in <–s>
hier: der Eingangsbereich eines Ladens
06.002

der **Check-out**
Check-out <–s>
hier: der Ausgangsbereich eines Ladens
auch Kasse
06.003

der **EAN-Code**
EAN-Code <–s>
lang European Article Number
ein **Barcode** mit international gültigen Produktkennzeichen
06.004

das **Etikett**
Eti·kett <–en>
ein kleines Schild an der Ware mit Informationen über den Hersteller, das Produkt oder den Preis
auch Label
06.005

Kasse

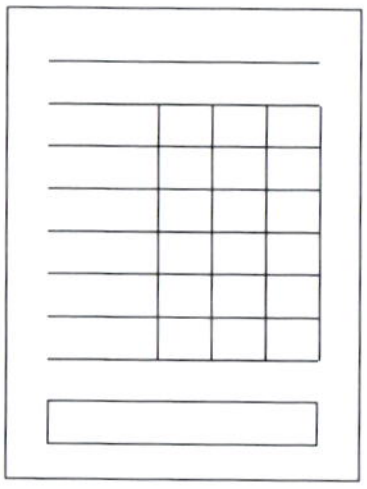

der Kassenbericht
Kas·sen·be·richt <–e>
Informationen über den genauen Betrag in der Kasse, der jeden Tag gezählt wird, Grundlage für das **Kassenbuch**
06.006

der Kassenbon
Kas·sen·bon <–s>
von der Kasse gedruckter Zettel, auf dem die gekauften Waren und deren Preise stehen
auch Kassenzettel
06.007

das Kassenbuch
Kas·sen·buch <Kassenbücher>
gibt Informationen über alle bar bezahlten Waren eines Geschäfts
06.008

die Kassensystemdaten
Kas·sen·sys·tem·da·ten
ein elektronisches System zum Sammeln von Informationen über Kunden und Käufe
06.009

der Kassiervorgang
Kas·sier·vor·gang <Kassiervorgänge>
die korrekte Reihenfolge des Bezahlens in fünf Schritten
06.010

offene Ladenkasse
of·fe·ne La·den·kas·se
eine Kasse ohne jede Technik
06.011

die Registrierkasse
Re·gis·trier·kas·se <–n>
eine Kasse, mit der Daten elektronisch gesammelt werden
06.012

die Prüfung von Geld

Prü·fung von Geld
das Feststellen, ob Geld echt ist
06.013

der Sicherheitsfaden
Si·cher·heits·fa·den <Sicherheitsfäden>
eine dunkle, senkrechte Metalllinie im Geldschein; sie wird mit einer speziellen Maschine eingearbeitet
auch Sicherheitsstreifen
06.014

der Stichtiefdruck
Stich·tief·druck <–e>
Schrift auf echten Geldscheinen, die mit den Fingern gefühlt werden kann
06.015

das UV-Gerät
UV-Ge·rät <–e>
hier: eine spezielle Lampe, mit der nur bestimmte Teile eines echten Geldscheines gesehen werden
06.016

das Wasserzeichen
Was·ser·zei·chen <–>
ein Bild in echten Geldscheinen, das man nur sieht, wenn man den Geldschein gegen das Licht hält
06.017

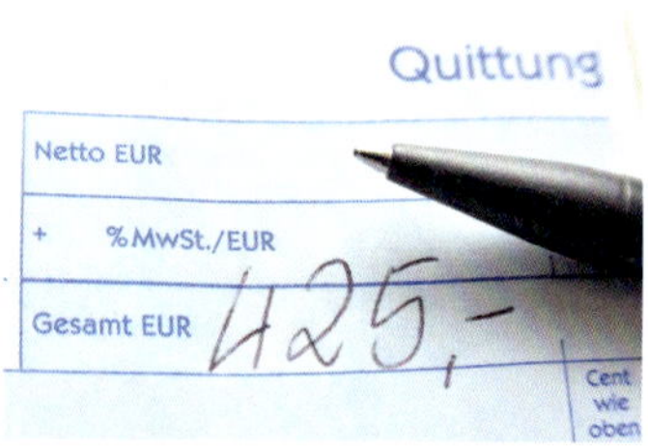

die Quittung
Quit·tung <–en>
ein Stück Papier, auf dem der Gesamtpreis steht
auch Beleg
06.018

der Scanner
Scan·ner <–>
ein Gerät, mit dem Daten gelesen werden
auch Lesegerät
06.019

Zahlungsart

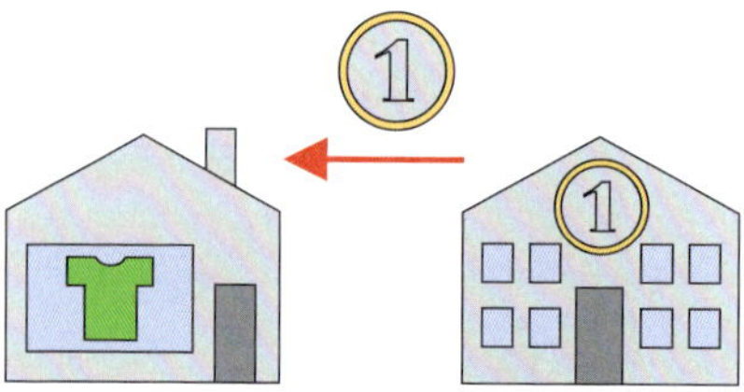

das Abbuchungsauftragsverfahren
Ab·bu·chungs·auf·trags·ver·fah·ren <–>
ein Vorgang, bei dem der Zahlungsbetrag vom Bankkonto des Kunden geholt wird
06.020

die Bankkarte
Bank·kar·te <–n>
eine Karte für Kunden einer Bank, mit der in Geschäften bezahlt werden kann
auch Kontokarte, Girocard, EC-Karte
06.021

bargeldlos
bar·geld·los
man bezahlt etwas nicht mit Geld, sondern mit Kredit- oder **Bankkarte** oder per Überweisung
auch unbar
06.022

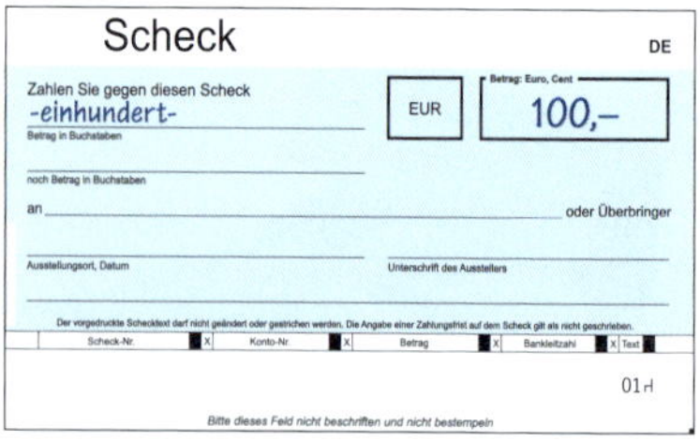

der Barscheck
Bar·scheck <–s>
ein Scheck, auf dem ein Geldbetrag steht, der bar ausbezahlt wird
06.023

die **Barzahlung**
Bar·zah·lung <–en>
das Zahlen mit Geldscheinen
und/oder Münzen
06.024

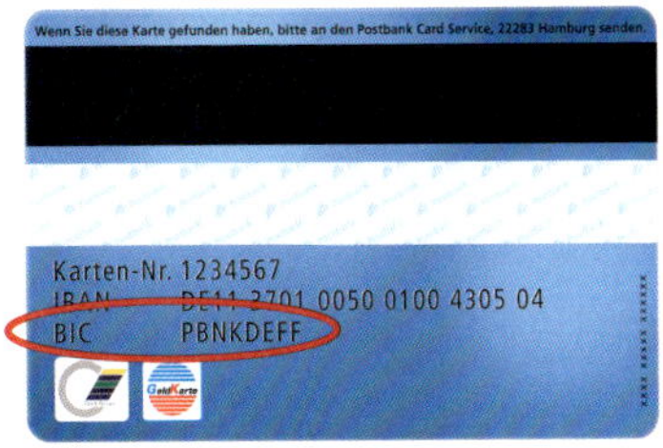

der **BIC**
BIC <–(s)> *lang* Bank Identifier Code
eine Zahlenreihe, mit der
der Name der Bank erkannt wird
06.025

das **Cybermoney**
Cy·ber·mo·ney *kein Plural*
virtuelles Geld, das nur über das
Internet verwendet werden kann
auch Kryptowährung, Bitcoin
06.026

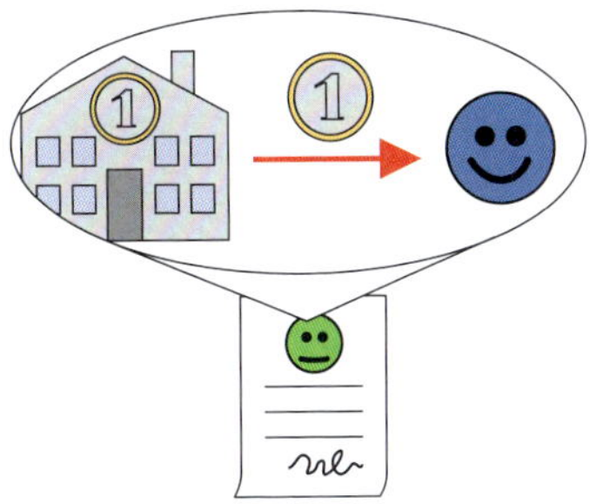

die **Einzugsermächtigung**
Ein·zugs·er·mäch·ti·gung <–en>
die Erlaubnis, von jemandes Konto
Geld auf ein anderes Konto zu überweisen
06.027

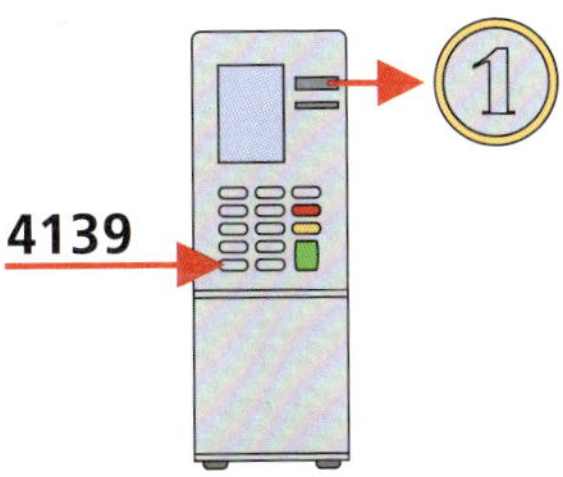

das **Electronic Cash**
Elec·tro·nic Cash *kein Plural; kurz* EC, E-Cash
mit der Eingabe einer persönlichen
Geheimzahl (PIN) an einem Gerät wird Geld
vom Konto überwiesen oder ausgezahlt
06.028

der **Gutschein**
Gut·schein <–e>
ein Papier mit dem (bezahlten) Wert einer
Ware oder Leistung, das man anstelle von
Geld für den Kauf benutzen kann
06.029

die IBAN
IBAN <–s>
lang International Bank Account Number
die international gültige Kontonummer
06.030

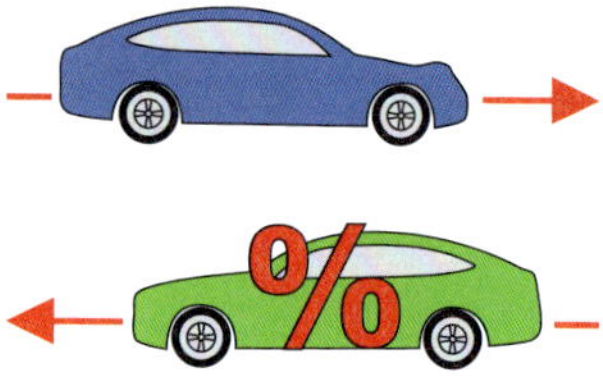

die Inzahlungnahme
In·zah·lung·nah·me <–n>
ein Händler bekommt einen gebrauchten Gegenstand und reduziert dafür den Preis seiner Ware (besonders im Autohandel)
06.031

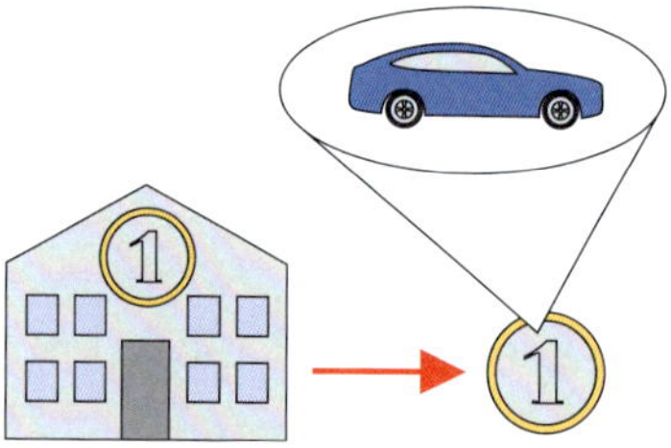

die Lastschrift
Last·schrift <–en>
Geld darf für einen bestimmten Zweck oder eine Leistung von einem Konto geholt werden
auch Bankeinzug
06.032

die Payback-Karte
Pay·back-Kar·te <–n>
eine kleine Plastikkarte, auf der beim Bezahlen Einkaufsvorteile gespeichert werden
06.033

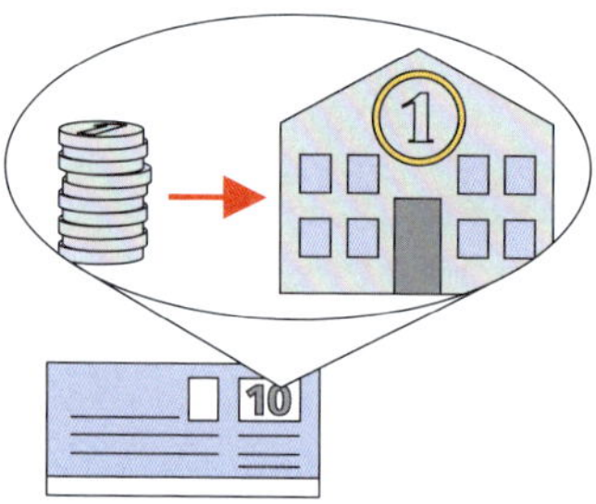

der Verrechnungsscheck
Ver·rech·nungs·scheck <–s>
ein Scheck, auf dem ein Geldbetrag steht, der nicht bar gezahlt werden darf
06.034

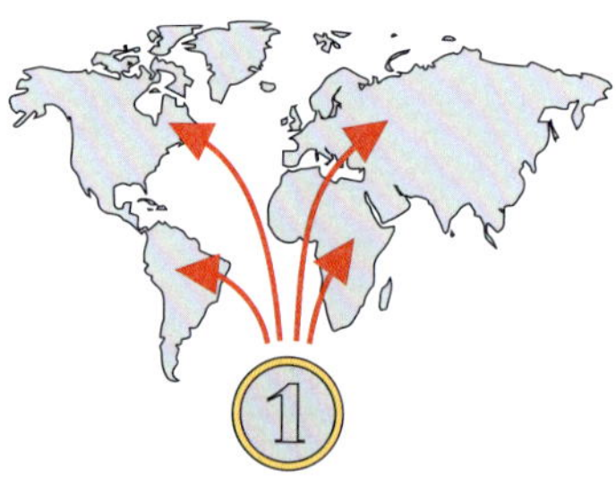

der Western Union Geldtransfer
Wes·tern Uni·on Geld·trans·fer <–s>
Überweisung von Geld in andere Länder
06.035

Zahlung in Teilen

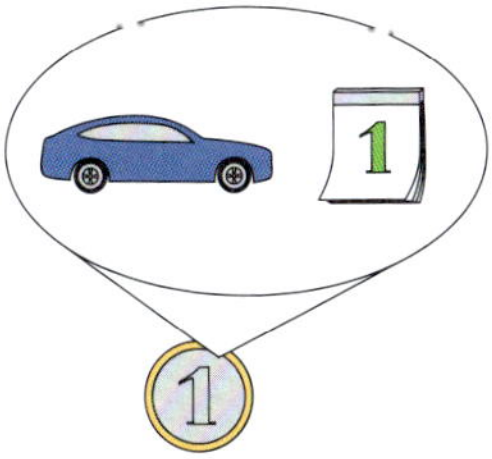

das **Leasing**
Lea·sing <–s>
die Zahlung für das Nutzen eines Produkts in einem vereinbarten Zeitraum
06.036

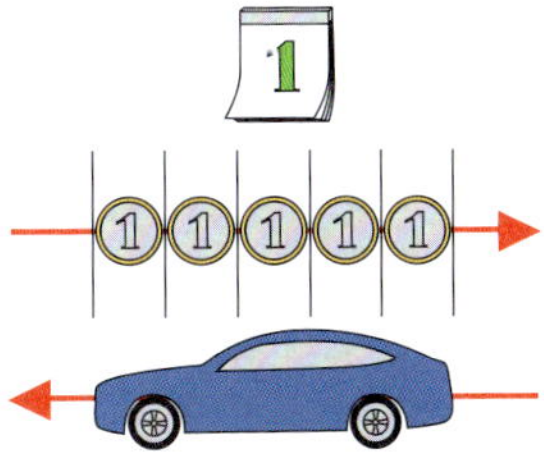

der **Ratenkauf**
Ra·ten·kauf <Ratenkäufe>
das Kaufen einer Ware, für die man meist monatlich einen bestimmten Teilbetrag zahlt
auch Abzahlungskauf
06.037

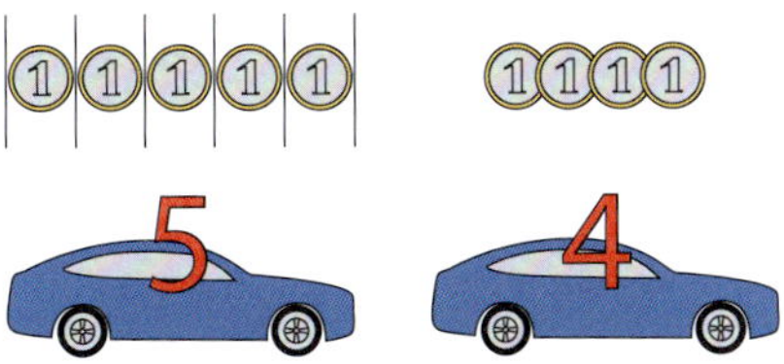

der **Ratenpreis**
Ra·ten·preis <–e>
die Summe der Teilzahlungen beim **Ratenkauf**, meist höher als bei Einmalzahlung
06.038

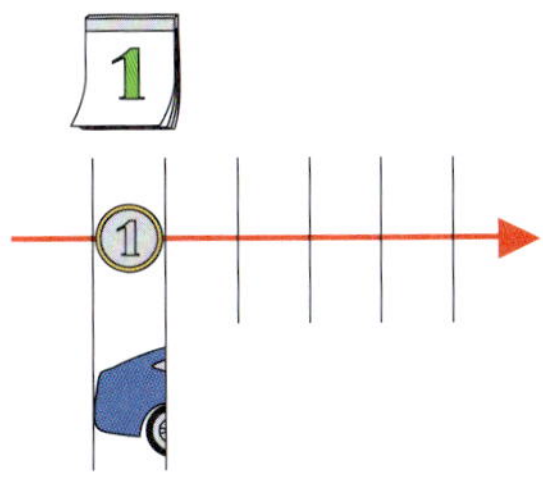

die **Ratenzahlung**
Ra·ten·zah·lung <–en>
die Zahlung eines Teilbetrags beim **Ratenkauf**
06.039

die **Restschuldversicherung**
Rest·schuld·ver·si·che·rung <–en>
eine Sicherheit für den Verkäufer in Höhe der Schulden des Käufers
auch Restkreditversicherung
06.040

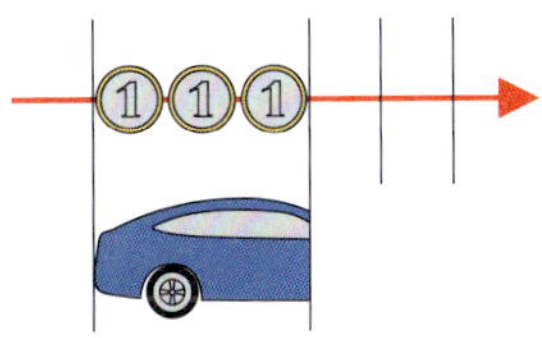

die **Teilzahlung**
Teil·zah·lung <–en>
die Ware wird nicht vollständig bezahlt, dies kann eine **Ratenzahlung** sein
06.041

das Gut

Gut <Güter>
hier: eine Sache oder Ware, mit der Menschen ihren Bedarf und ihre Wünsche befriedigen; es gibt verschiedene Güterarten
07.001

freies Gut

frei·es Gut
etwas, das es in ausreichender Menge für alle kostenlos gibt; z. B. Luft, Sonnenlicht
07.002

das Gebrauchsgut

Ge·brauchs·gut <Gebrauchsgüter>
ein Produkt, das über längere Zeit verwendet werden kann; z. B. Auto, Werkzeug
07.003

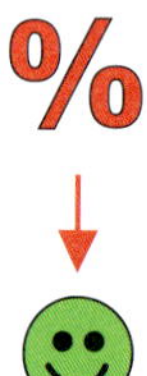

immaterielles Gut

im·ma·te·ri·el·les Gut
etwas, das man nicht sehen und anfassen kann; z. B. **Dienstleistungen**, Rechte
07.004

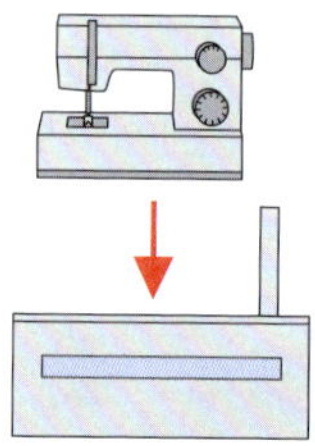

das Investitionsgut

In·ves·ti·ti·ons·gut <Investitionsgüter>
etwas, das in Firmen für die Produktion von Waren benötigt wird; z. B. Maschinen, technische Anlagen
auch Produktionsgut
07.005

knappes Gut

knap·pes Gut
etwas, das es nicht immer überall in ausreichender Menge gibt; z. B. sauberes Wasser
07.006

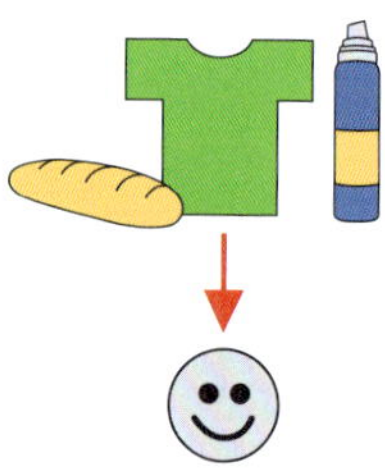

das Konsumgut

Kon·sum·gut <Konsumgüter>
eine Ware, die für den **Endverbraucher** produziert wird
07.007

materielles Gut
ma·te·ri·el·les Gut
etwas, das zum Leben oder Produzieren gebraucht wird; z. B. Lebensmittel, Kleidung, Autos
auch Sachgut
07.008

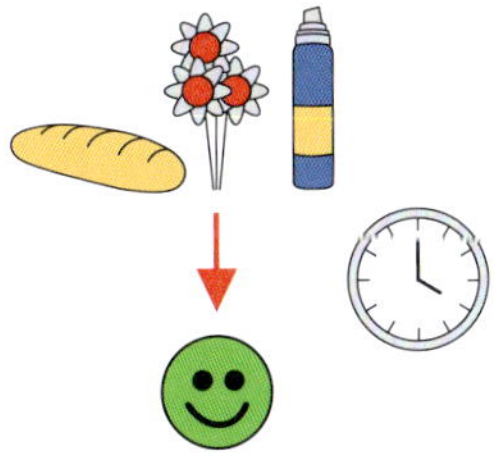

das Verbrauchsgut
Ver·brauchs·gut <Verbrauchsgüter>
ein Produkt, das schnell verbraucht wird; z. B. Blumen, Lebensmittel, Toilettenpapier
auch Verbrauchsartikel
07.009

Marke

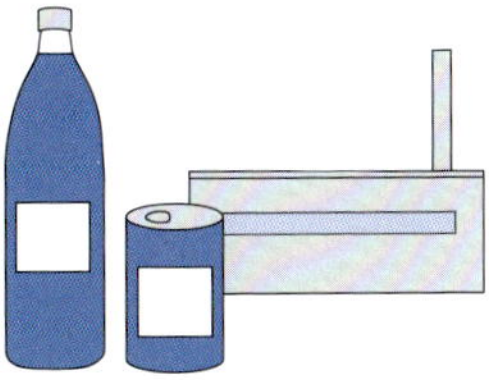

die Gattungsmarke
Gat·tungs·mar·ke <–n>
Verbrauchsartikel ohne **Handelsmarke** und Markenname, die deswegen preiswerter sind
auch Weiße Ware, No-Name-Produkt
07.010

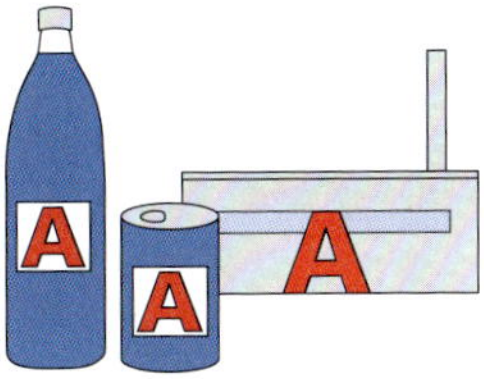

die Herstellermarke
Her·stel·ler·mar·ke <–n>
Marken**artikel**, die so heißen wie der Hersteller
auch Produktmarke, Fabrikmarke
07.011

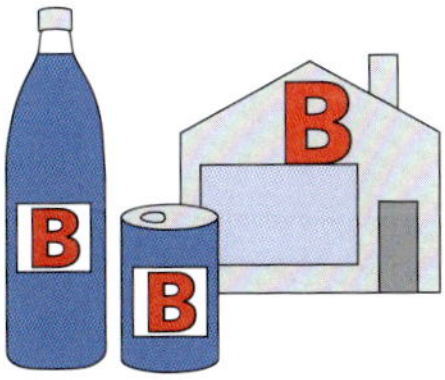

die Handelsmarke
Han·dels·mar·ke <–n>
eine Marke, die einem Handelsunternehmen gehört und meistens nur in dessen Geschäften angeboten wird
auch Hausmarke, Händlermarke, Eigenmarke
07.012

das **Sortiment**

Sor·ti·ment <–e>
alle in einem Geschäft angebotenen Warenarten und Leistungen
07.013

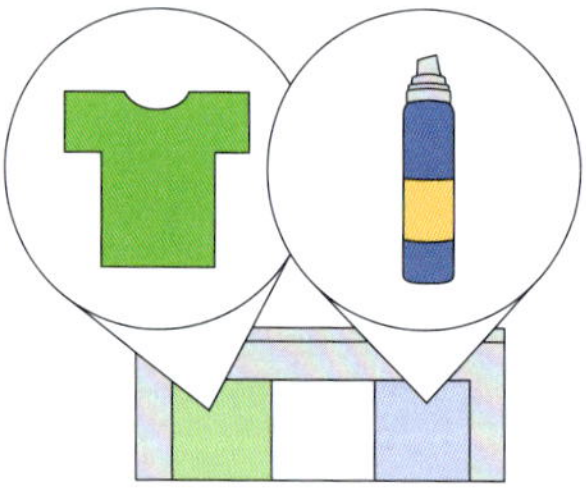

das Abteilungssortiment

Ab·tei·lungs·sor·ti·ment <–e>
unterschiedliche Warenbereiche in einem großen **Warenhaus**
07.014

breites Sortiment

brei·tes Sor·ti·ment
Produkte vieler unterschiedlicher Warenarten in einem Geschäft
07.015

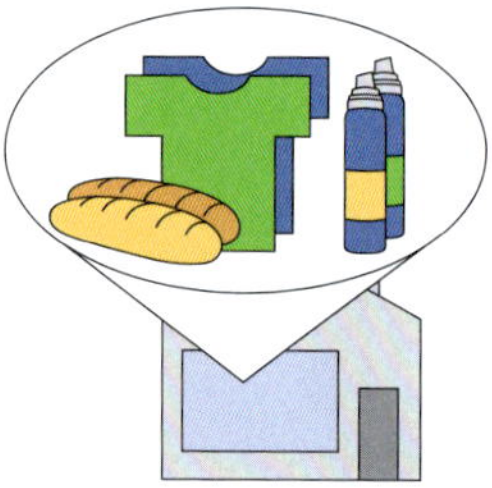

flaches Sortiment

fla·ches Sor·ti·ment
nur ein oder wenige unterschiedliche **Artikel** der einzelnen Warenarten in einem Laden
07.016

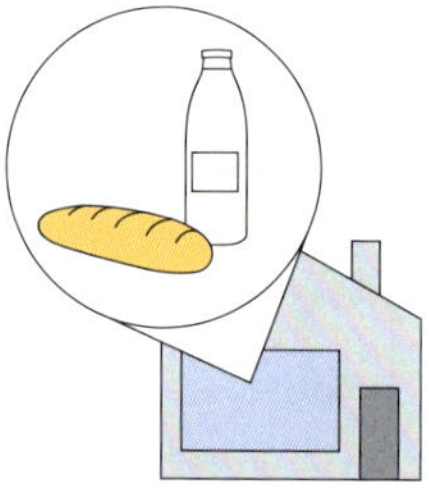

das Grundsortiment

Grund·sor·ti·ment <–e>
die Waren, die am meisten verkauft werden
07.017

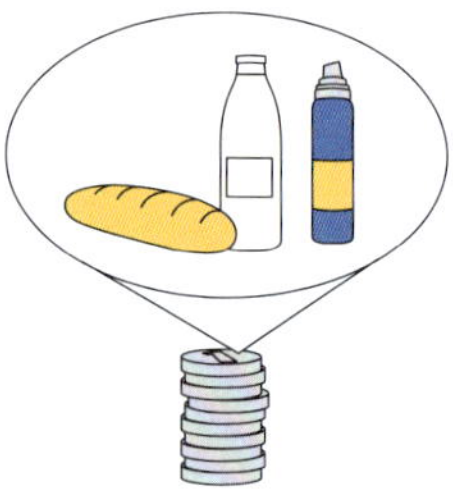

das Kernsortiment

Kern·sor·ti·ment <–e>
die Waren, mit denen der Händler am meisten verdient
07.018

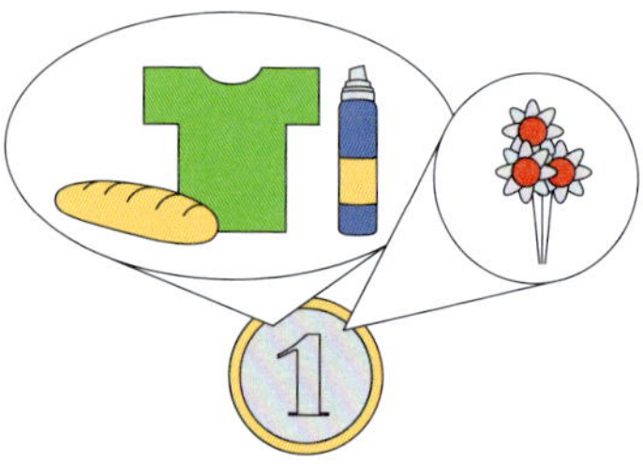

das Randsortiment

Rand·sor·ti·ment <–e>
eine Ergänzung zum **Kernsortiment**
07.019

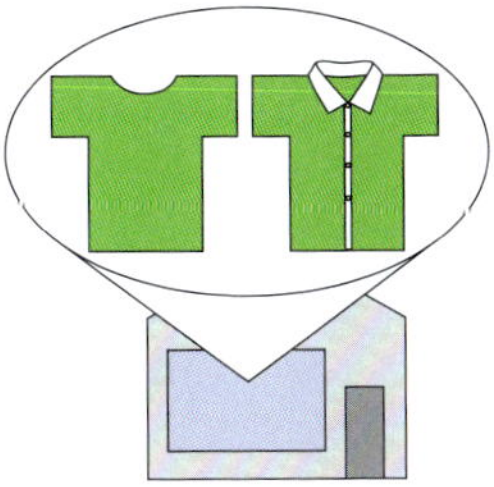

schmales Sortiment
schma·les Sor·ti·ment
nur Produkte weniger Warenarten in einem Laden; z. B. im **Fachgeschäft** und **Spezialgeschäft**
07.020

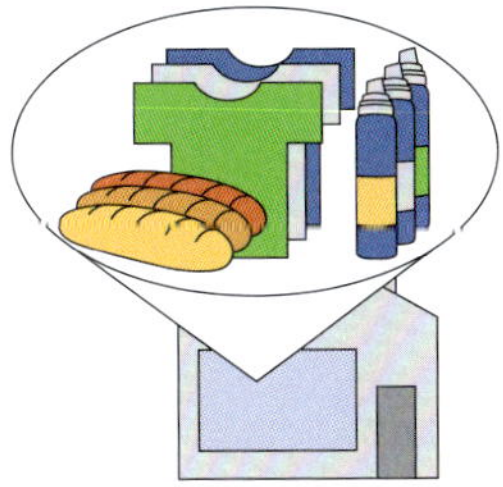

tiefes Sortiment
tie·fes Sor·ti·ment
mehrere oder viele unterschiedliche **Artikel** der einzelnen Warenarten in einem Geschäft
07.021

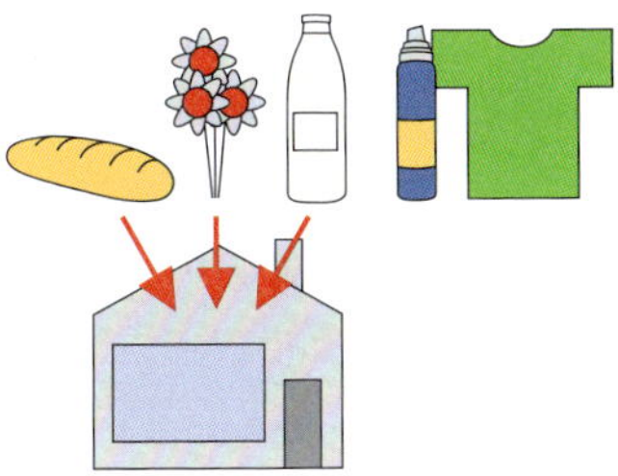

die Sortimentsbildung
Sor·ti·ments·bil·dung <–en>
der Händler stellt aus dem Angebot des **Lieferanten** eine Auswahl zusammen
07.022

die Sortimentsgliederung
Sor·ti·ments·glie·de·rung <–en>
die Ordnung, nach der die Waren im Laden präsentiert werden
07.023

die Sortimentslücke
Sor·ti·ments·lü·cke <–n>
ein Produkt wird im Laden nicht angeboten, obwohl der Kunde es hier erwartet
07.024

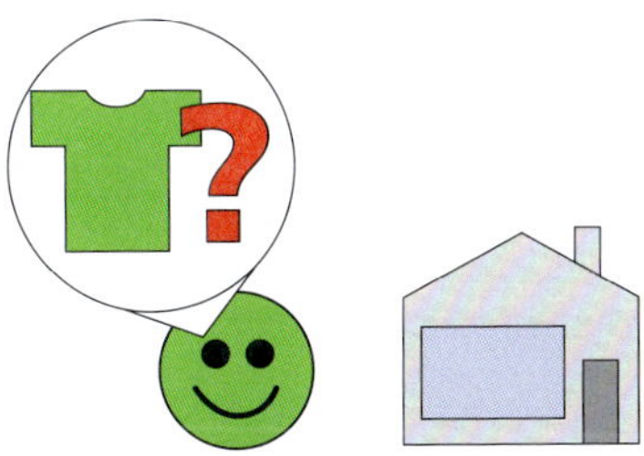

der Suchartikel
Such·ar·ti·kel <–>
eine Ware, nach welcher der Kunde sucht, weil er sie braucht; oft in der **verkaufsschwachen Zone**
07.025

der **Beschaffungsprozess**
Be·schaf·fungs·pro·zess <–e>
alle Tätigkeiten für den Einkauf
von Waren und Leistungen
auch Procurement, Purchasing
08.001

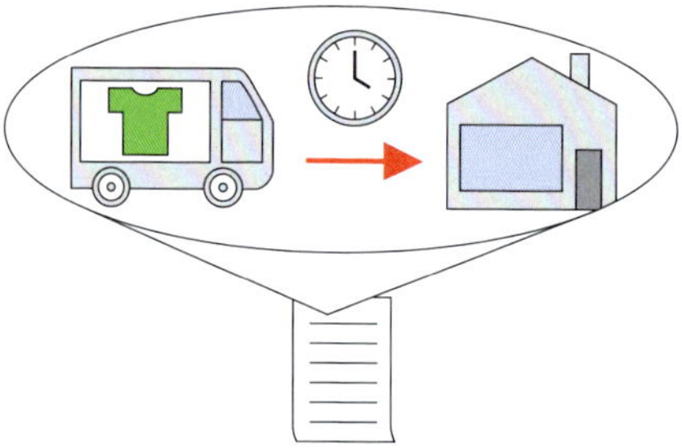

die **Warendisposition**
Wa·ren·dis·po·si·ti·on <–en>
die Planung und Organisation für
die rechtzeitige Lieferung der Ware;
Teil des **Beschaffungsprozesses**
08.002

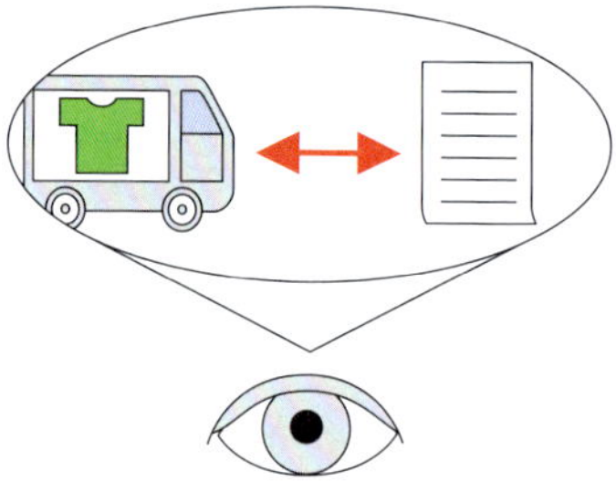

die **Wareneingangskontrolle**
Wa·ren·ein·gangs·kon·trol·le <–n>
die Prüfung der gelieferten Ware
im Vergleich zur Bestellung
08.003

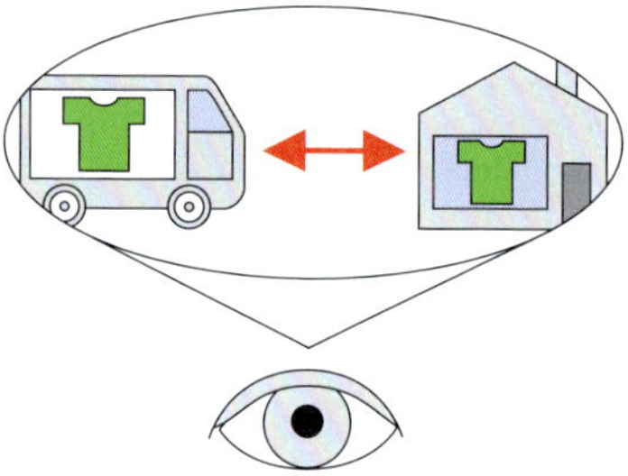

die **Bestandskontrolle**
Be·stands·kon·trol·le <–n>
der Vergleich zwischen dem gewünschten
und dem tatsächlichen **Inventar**
08.004

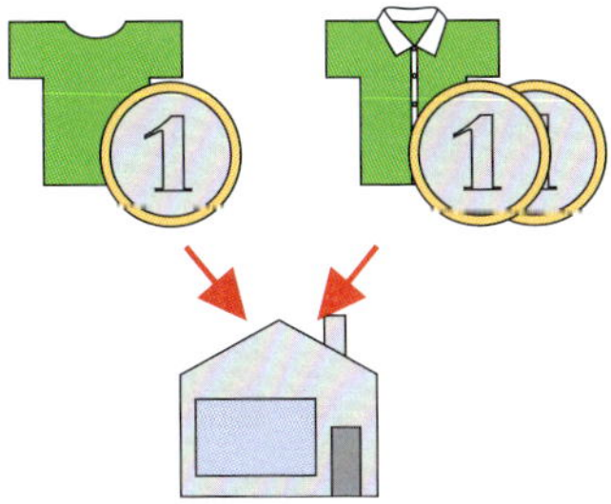

Bestimmungsfaktor des Angebots

Be·stim·mungs·fak·tor des An·ge·bots

wichtige Kennzeichen der Ware für den Anbieter, wie **Güter**art, Kosten, Konkurrenzprodukte

08.005

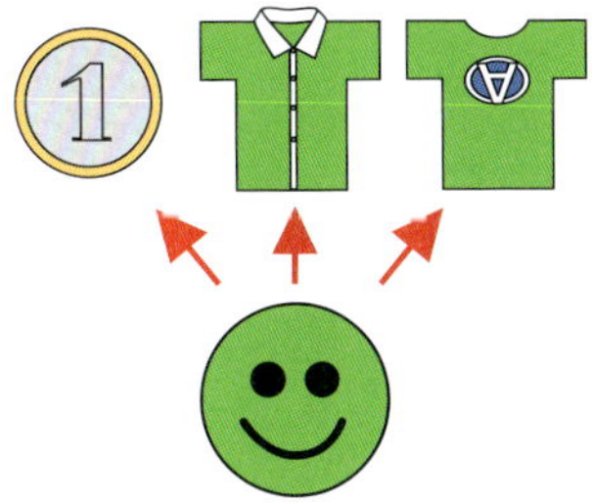

Bestimmungsfaktor der Nachfrage

Be·stim·mungs·fak·tor der Nach·fra·ge

wichtige Entscheidungsgründe des Kunden für eine Ware, wie Preis, Qualität, Einkommen, gewünschte Marke

08.006

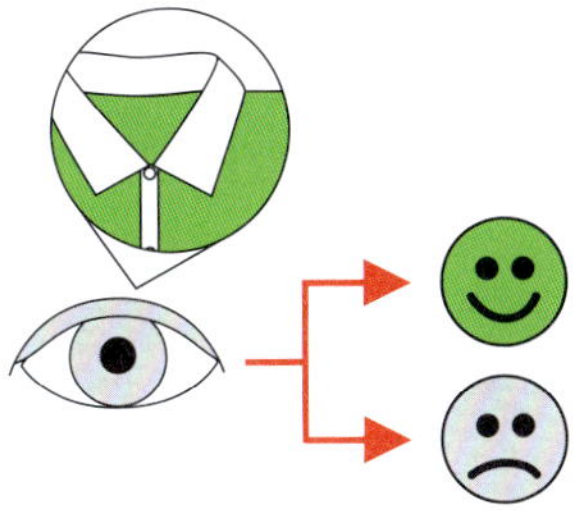

das Beurteilungsmerkmal

Be·ur·tei·lungs·merk·mal <–e>

hier: ein Kennzeichen, das zu einer Entscheidung für oder gegen den Kauf einer Ware führt

08.007

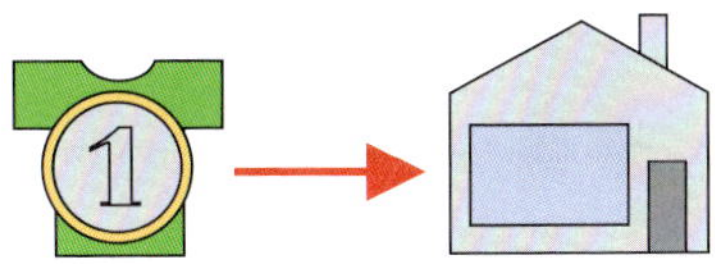

der Bezugspreis

Be·zugs·preis <–e>

der Preis, den der Händler für ein Produkt zahlt

auch Einkaufspreis, Einstandspreis

08.008

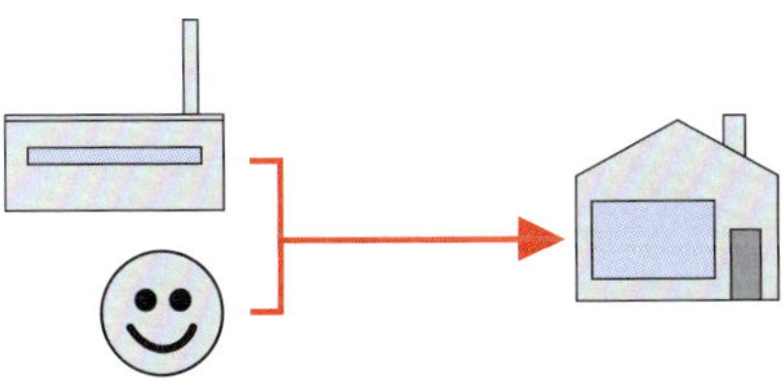

die Bezugsquelle

Be·zugs·quel·le <–n>

Hersteller oder Personen, von denen Händler ihre Waren kaufen

08.009

der Bonus

Bo·nus <–se/Boni>

hier: eine zusätzliche Zahlung zum Gehalt oder eine Sonderleistung für Kunden

08.010

der **Bruch**
Bruch <Brüche>
hier: beschädigte Ware
08.011

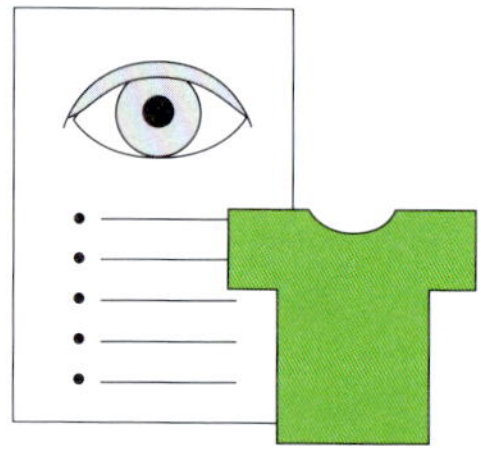

die **Entscheidungsbewertungstabelle**
Ent·schei·dungs·be·wer·tungs·ta·bel·le <–n>
festgelegte Regeln für die Prüfung des Zustands von Waren
08.012

die **Fehlbestellung**
Fehl·be·stel·lung <–en>
das Bestellen eines nicht gewünschten Produkts
08.013

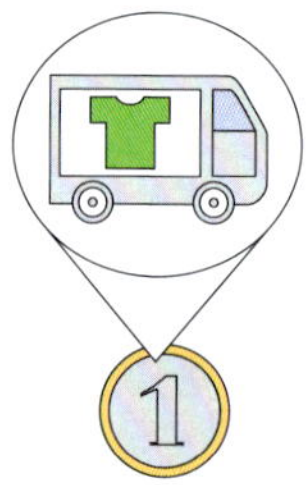

die **Fracht** 1
Fracht <–en>
die Kosten für eine Warenlieferung
08.014

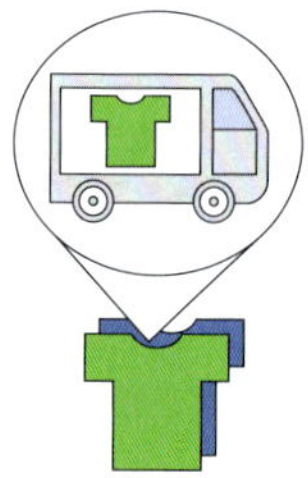

die **Fracht** 2
Fracht <–en>
die transportierte Ware
08.014

die **Frachtpapiere**
Fracht·pa·pie·re *Plural*
die Dokumente für den Warentransport
auch Frachtbrief, Warenbegleitpapiere
08.015

die **Güteklasse**
Gü·te·klas·se <–n>
drei bzw. vier verschiedene Gruppen, denen Produkte aus Landwirtschaft und Fischfang je nach ihrer Qualität zugeordnet werden
08.016

die **Kalkulation**

Kal·ku·la·ti·on <–en>
hier: die Berechnung der Kosten und des Gewinns
08.017

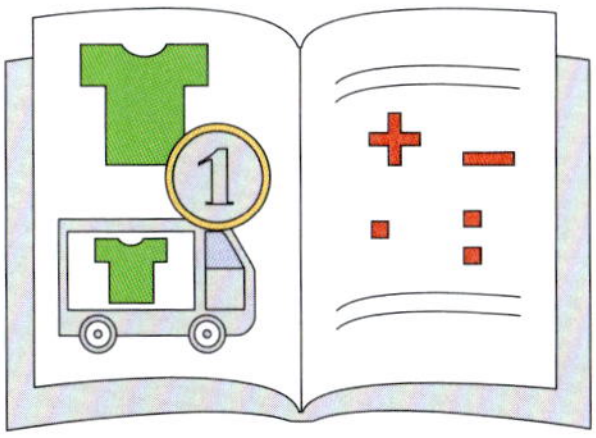

die Bezugskalkulation
Be·zugs·kal·ku·la·ti·on <–en>
die Berechnung des **Bezugspreises** für den Vergleich von Angeboten
08.018

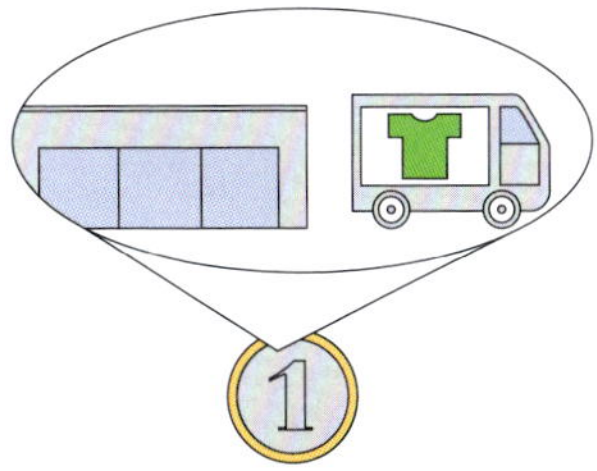

die Handlungskosten
Hand·lungs·kos·ten *Plural*
Kosten des Handelsunternehmens für seine Leistungen
auch Handelskosten
08.019

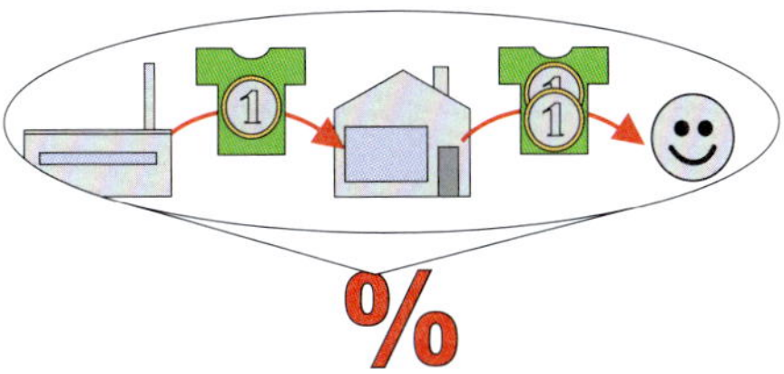

der Kalkulationsfaktor
Kal·ku·la·ti·ons·fak·tor <–en>
eine bestimmte Prozentzahl für die Berechnung des **Listenpreises**
08.020

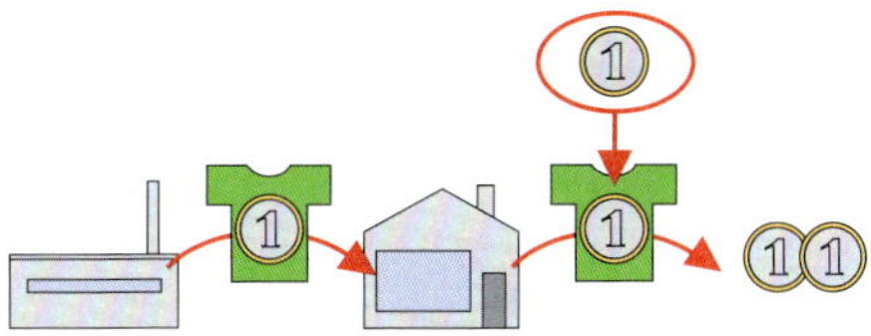

der Kalkulationszuschlag
Kal·ku·la·ti·ons·zu·schlag <Kalkulationszuschläge>
ein zusätzlicher Betrag zum **Bezugspreis** für die Berechnung des **Listenpreises**
08.021

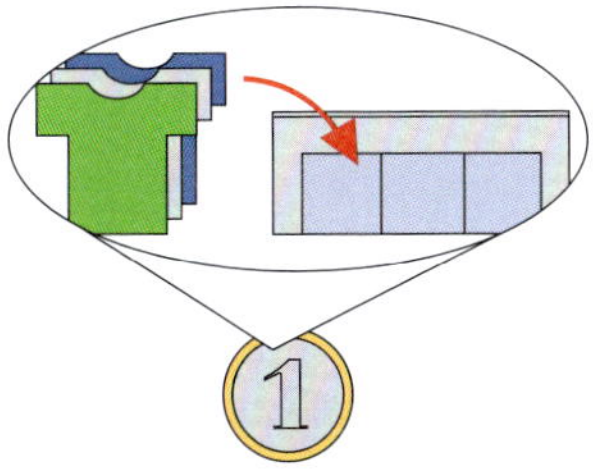

die Kapitalbindungskosten
Ka·pi·tal·bin·dungs·kos·ten *Plural*
hier: die Berücksichtigung eines Geldbetrags für die **Lagerhaltung**; Teil der **Kalkulation**
08.022

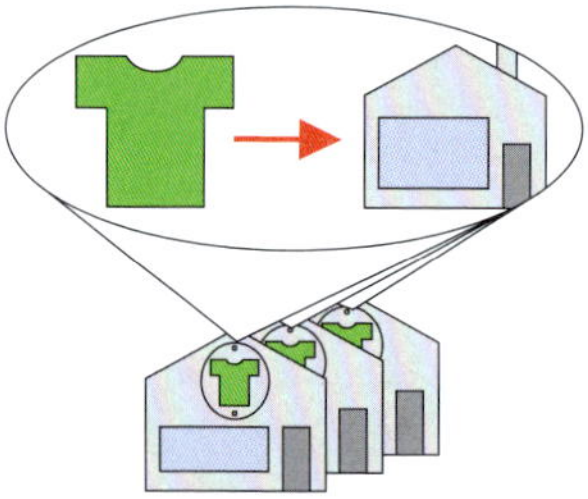

die **Kooperationsform**
Ko·ope·ra·ti·ons·form <–en>
die Zusammenarbeit mehrerer Unternehmen zu einem bestimmten Zweck, z. B. eine Einkaufsgemeinschaft
08.023

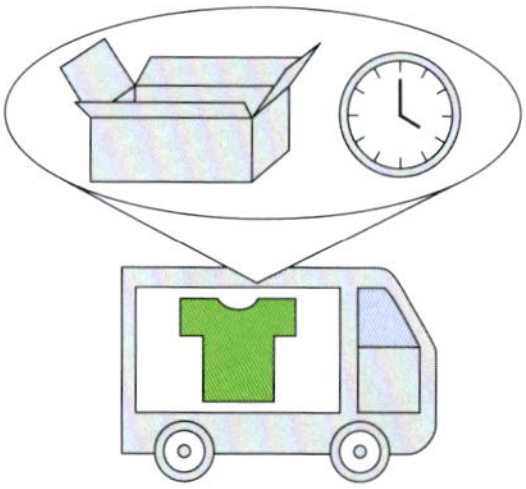

die **Liefermodalität**
Lie·fer·mo·da·li·tät <–en>
unterschiedliche Möglichkeiten von Verpackung, Transport oder Lieferung der Ware
08.024

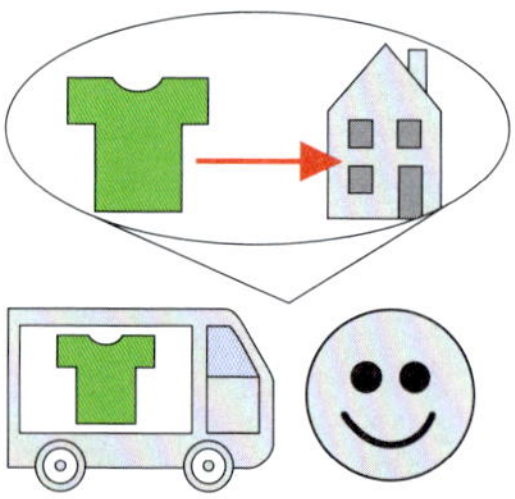

der **Lieferant** 1
Lie·fe·rant <–en>
die **Lieferantin**
Lie·fe·ran·tin <–nen>
eine Person oder Firma, die Waren zu Kunden bringt
08.025

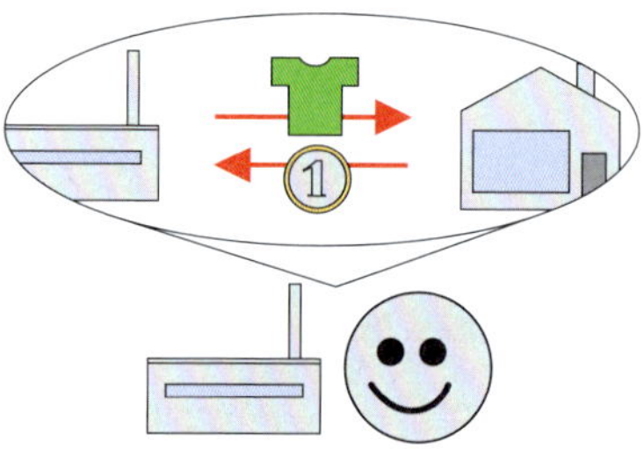

der **Lieferant** 2
Lie·fe·rant <–en>
die **Lieferantin**
Lie·fe·ran·tin <–nen>
eine Person oder Firma, von der ein Unternehmen Produkte kauft, die sie für die Herstellung oder den Handel braucht
08.025

der **Lieferschein**
Lie·fer·schein <–e>
ein Dokument, das die Ware begleitet und Auskunft über die gelieferten **Artikel** gibt
auch Warenbegleitschein
08.026

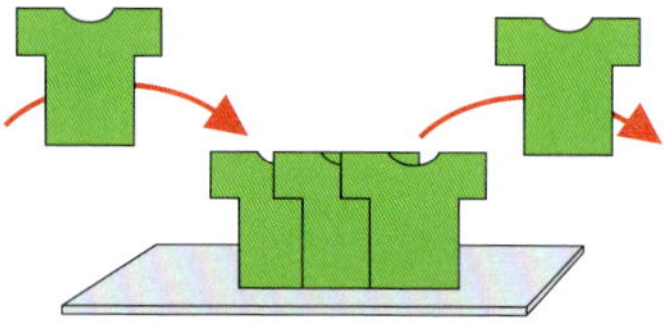

die **Limitrechnung**
Li·mit·rech·nung <–en>
eine Methode, um zu berechnen, wie viel eingekauft werden muss, damit genug, aber nicht zu viel Ware im Lager liegt
08.027

das **MDE-Gerät**
MDE-Ge·rät <–e>
lang Mobile Datenerfassung
ein Gerät zum Lesen von Daten
▶ 08.028

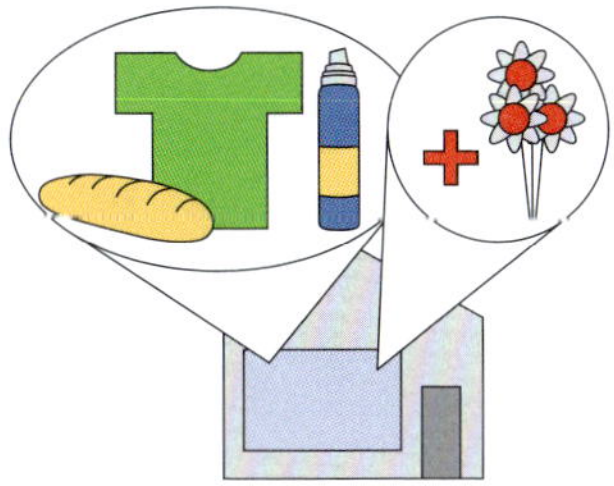

die **Neulistung**
Neu·lis·tung <–en>
die Aufnahme eines Produkts in das **Sortiment**
▶ 08.029

die **Nachfrage** ①
Nach·fra·ge <–n>
hier: der Wunsch des Kunden, bestimmte Dinge oder Leistungen zu bekommen
▶ 08.030

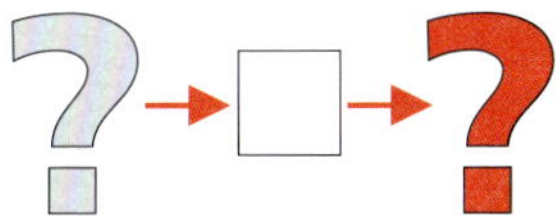

die **Nachfrage** ②
Nach·fra·ge <–n>
eine zusätzliche Frage, um eine erste Antwort verständlicher zu machen
▶ 08.030

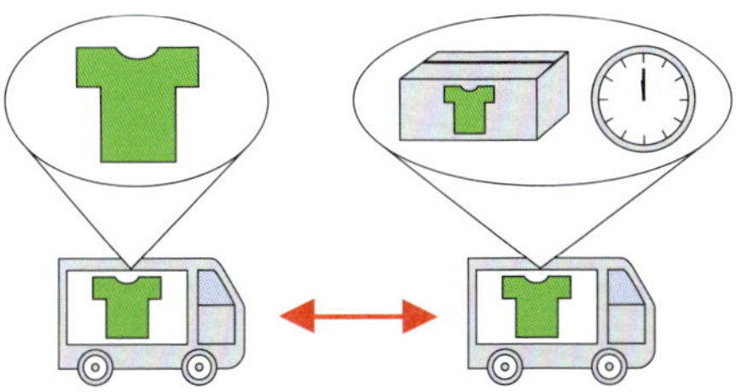

qualitativer Angebotsvergleich
qua·li·ta·ti·ver An·ge·bots·ver·gleich
der Vergleich des Verhaltens von **Lieferanten**; z. B. große Zuverlässigkeit und Pünktlichkeit bedeuten hohe Qualität
▶ 08.031

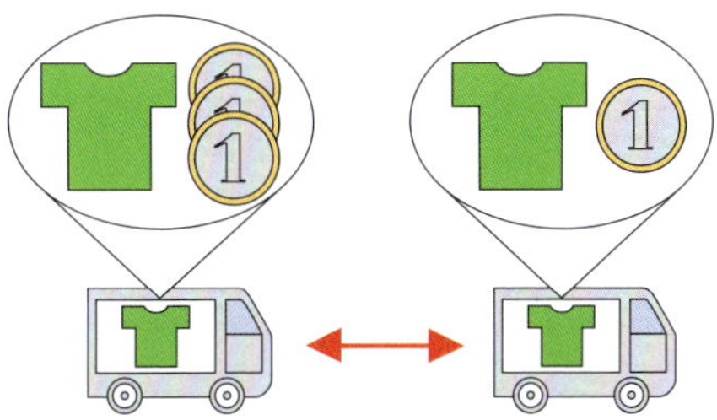

quantitativer Angebotsvergleich
quan·ti·ta·ti·ver An·ge·bots·ver·gleich
der Vergleich von finanziellen Details der Angebote mehrerer **Lieferanten**, z. B. Preis, Rabatt oder Kosten für den Transport der Ware
▶ 08.032

die Spedition
Spe·di·ti·on <–en>
ein Unternehmen für den Transport von Waren und Gegenständen
auch Transportunternehmen
08.033

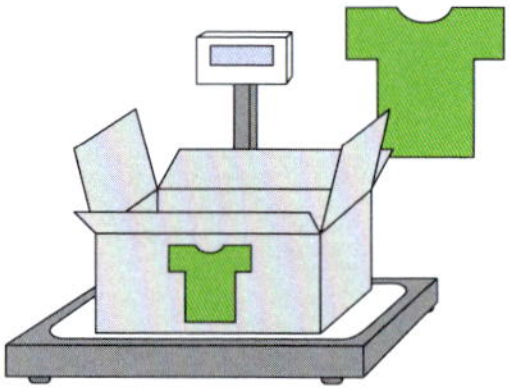

die Tara
Ta·ra <Taren>
das Gewicht der Verpackung ohne die Ware
08.034

der **Artikel**
Ar·ti·kel <–> *kurz* Art.
hier: eine für den Konsum bestimmte Ware
09.001

die **Artikeldaten**
Ar·ti·kel·da·ten *Plural*
Informationen über ein Produkt; z. B. der Preis
09.002

die **Artikelnummer**
Ar·ti·kel·num·mer <–n>
jedes Produkt hat eine eigene Nummer, sie dient dem Erkennen der Ware
auch Artikelbezeichnung
09.003

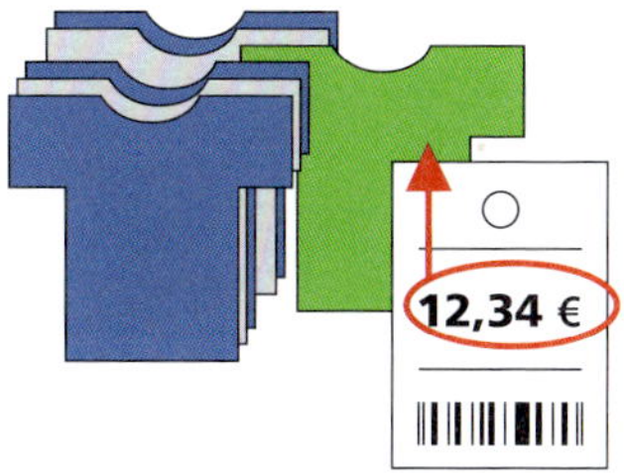

der **Einzelpreis**
Ein·zel·preis <–e> *kurz* EPr.
der Preis eines einzelnen Stückes einer Ware, die oft in größerer Menge gekauft wird
09.004

der **Ladenpreis**
La·den·preis <–e>
der Preis, den der Kunde für eine Ware zahlt
auch Ladenverkaufspreis
09.005

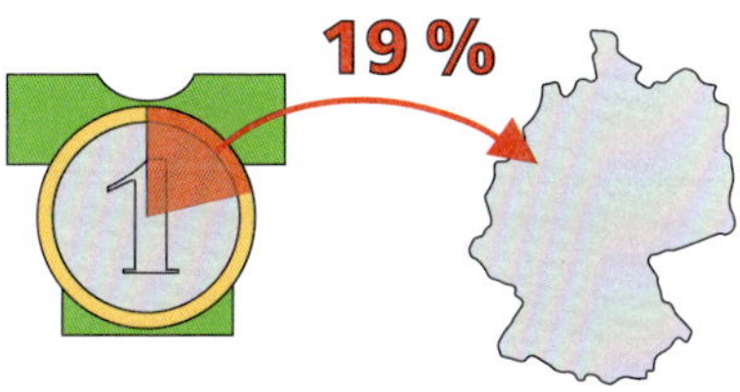

der **Umsatzsteuersatz**
Um·satz·steu·er·satz <Umsatzsteuersätze>
die Höhe der Steuer, die für den Verkauf von Waren und **Dienstleistungen** fällig wird
09.006

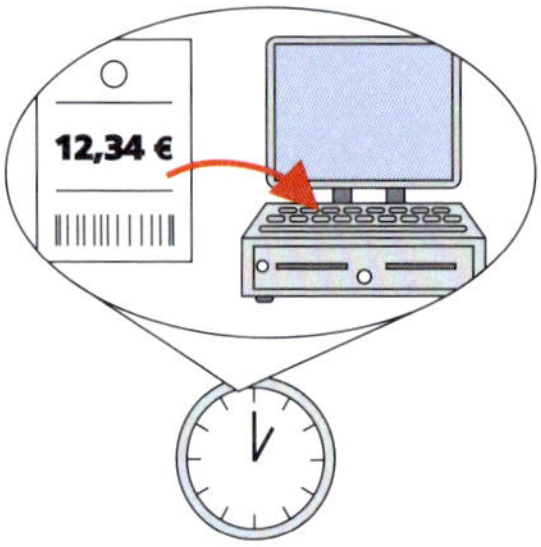

die **Kassierzeit**
Kas·sier·zeit <–en>
die Zeit, in der die Preise in die Kasse getippt oder **gescannt** werden
09.007

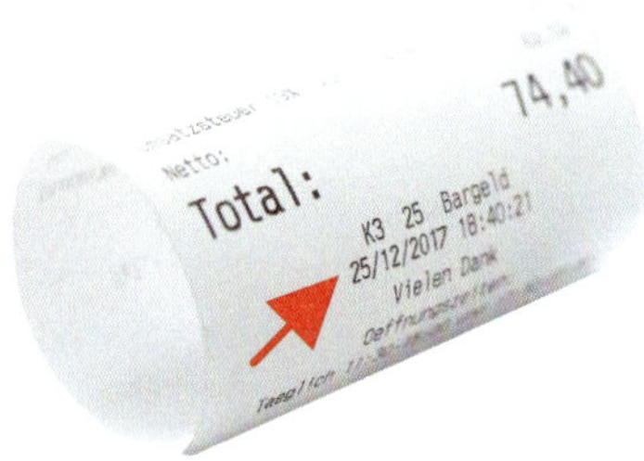

das **Kaufdatum**
Kauf·da·tum <Kaufdaten>
der Tag, an dem eine Ware gekauft wurde
09.008

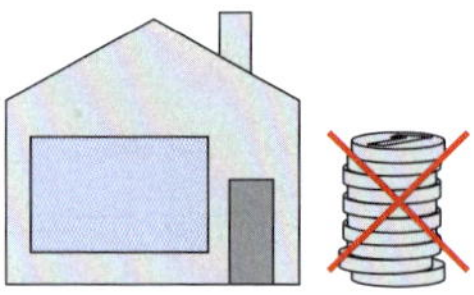

der **Konkurs**
Kon·kurs <–e>
die Situation, wenn eine Firma Rechnungen nicht mehr bezahlen kann
auch Zahlungsunfähigkeit
09.009

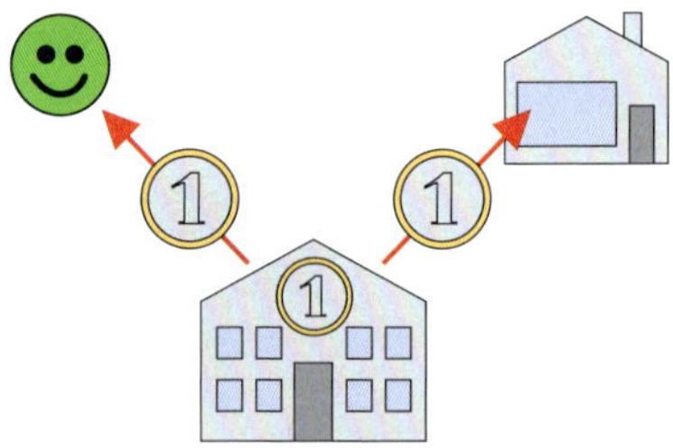

der **Kreditor**
Kre·di·tor <–en>
die **Kreditorin**
Kre·di·to·rin <–nen>
eine Person, Bank oder Firma, die anderen Geld leiht
auch Gläubiger, Geldgeber
09.010

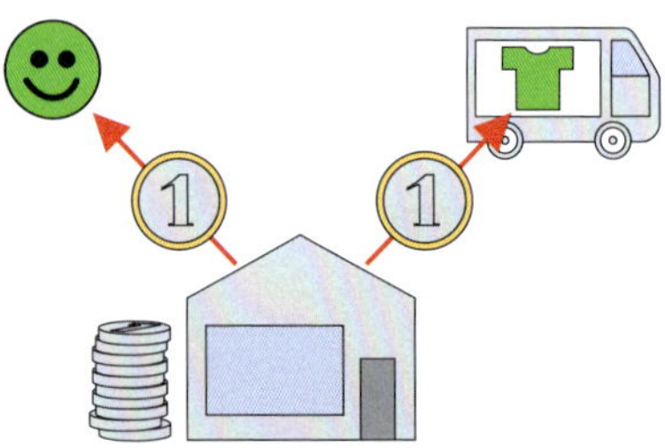

die **Liquidität**
Li·qui·di·tät *kein Plural*
die Situation, wenn eine Firma oder Person so viel Geld auf dem Konto hat, dass alle Rechnungen pünktlich bezahlt werden können
auch Solvenz, Zahlungsfähigkeit
09.011

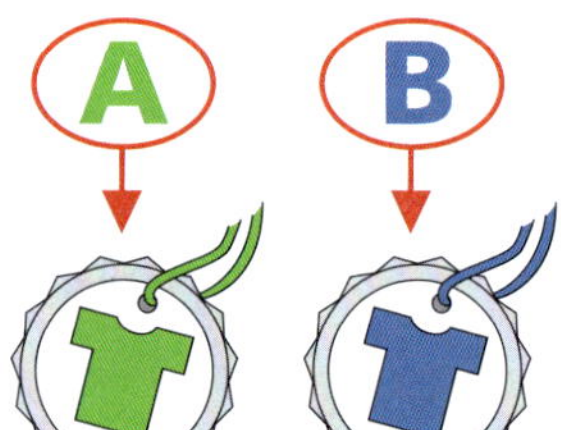

die **Qualitätsbezeichnung**
Qua·li·täts·be·zeich·nung <–en>
eine der Gruppen (z. B. **Güteklassen**), in die Produkte je nach ihrer Qualität eingeteilt werden
09.012

scannen

scan·nen <scannt, scannte, hat gescannt>
hier: die Daten einer Ware
elektronisch lesen
▶ 09.013

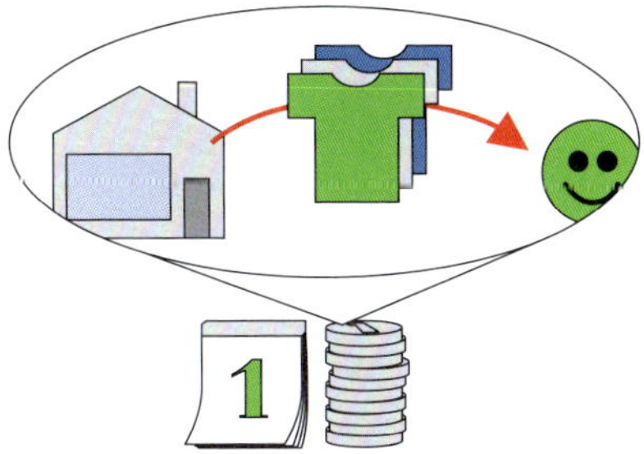

der Umsatz

Um·satz <Umsätze>
die Summe aller in einem bestimmten Zeitraum
verkauften Leistungen oder Waren
auch Erlös
▶ 09.014

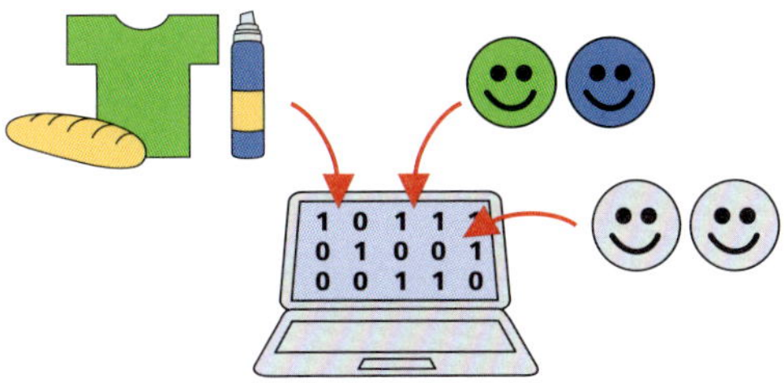

die Verkaufsdatenerfassung

Ver·kaufs·da·ten·er·fas·sung <–en>
das Sammeln der Daten von Waren, Kunden
und Angestellten im Warenwirtschaftssystem
▶ 09.015

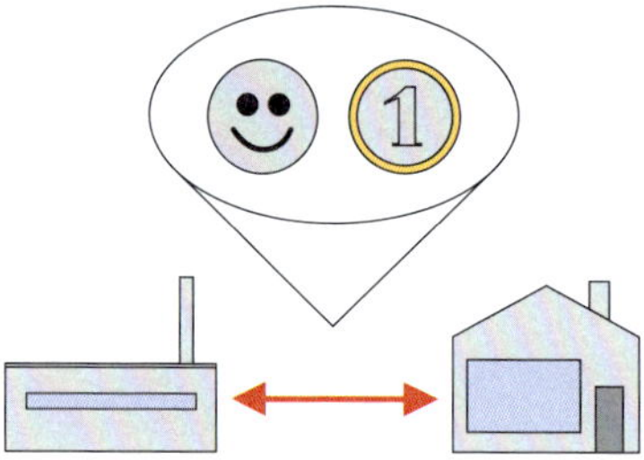

Efficient Consumer Response
Ef·fi·cient Con·su·mer Re·sponse *kurz* ECR
die Zusammenarbeit zwischen Hersteller und Händler, um die Wünsche der Käufer besser zu erkennen und die Kosten zu reduzieren
auch Effiziente Konsumentenresonanz, ECR-Konzept
10.001

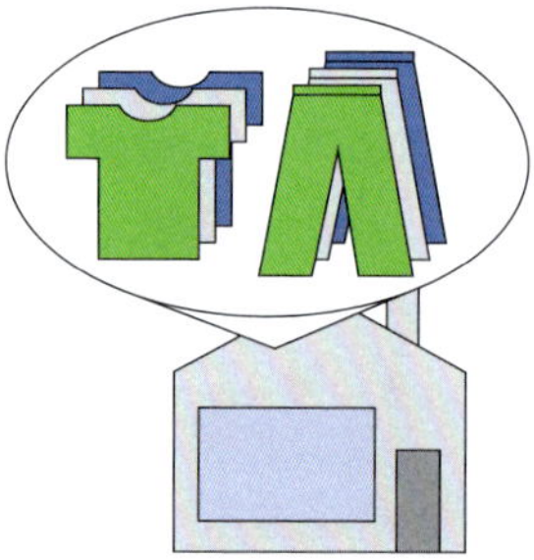

die **Inventur**
In·ven·tur <–en>
das Feststellen, welche Werte und Schulden ein Betrieb hat
10.002

die Buchinventur
Buch·in·ven·tur <–en>
das Feststellen des tatsächlichen Geldeigentums; z. B. Bankkonto, Schulden, offene Rechnungen
10.003

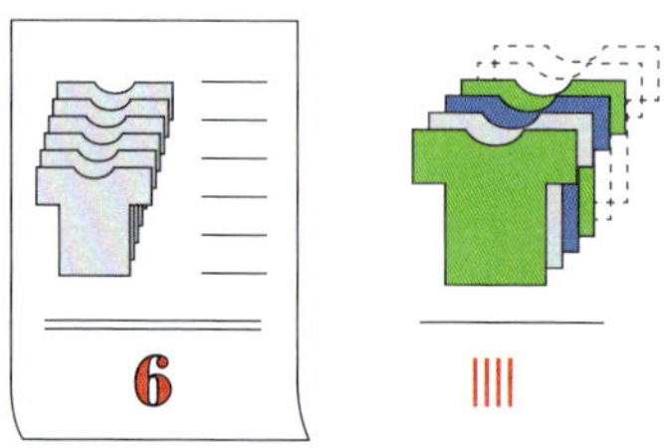

die Inventurdifferenz
In·ven·tur·dif·fe·renz <–en>
der Unterschied, der im Soll-Ist-Vergleich festgestellt wird
10.004

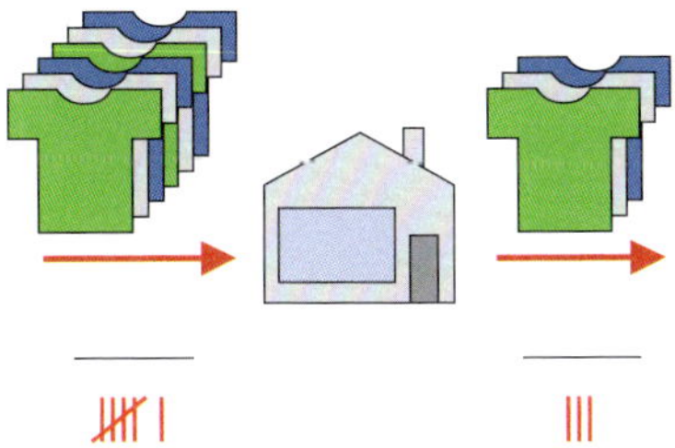

permanente **Inventur**
per·ma·nen·te In·ven·tur
eine **Inventur**, die ständig durchgeführt wird
auch rollende Inventur
10.005

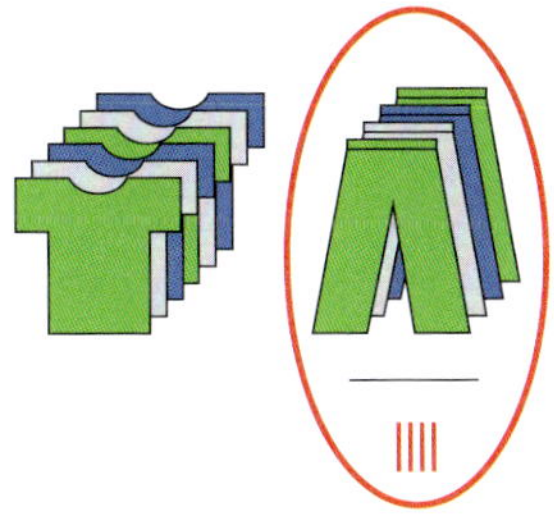

die **Stichprobeninventur**
Stich·pro·ben·in·ven·tur <–en>
eine **Inventur**, bei der nur ein Teil der **Güter** gezählt wird
10.006

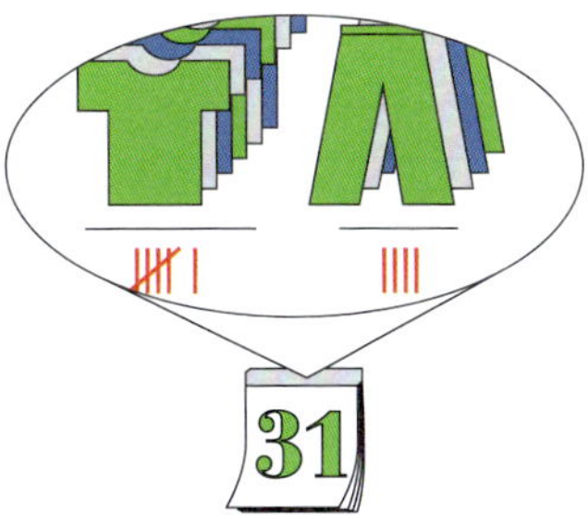

die **Stichtagsinventur**
Stich·tags·in·ven·tur <–en>
eine **Inventur**, die innerhalb von 10 Tagen vor oder nach dem Tag der Jahres**bilanz** durchgeführt wird
10.007

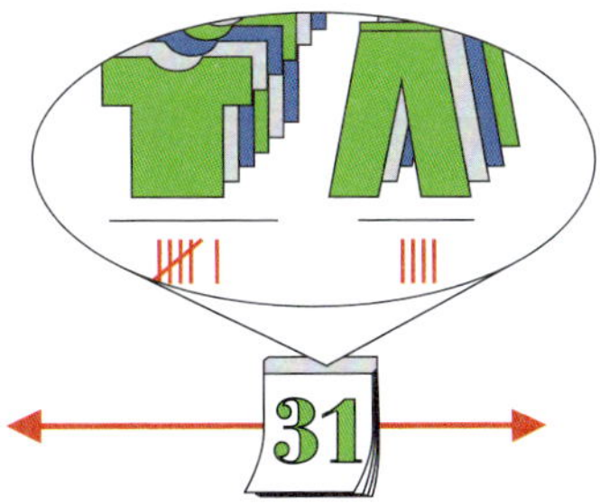

verlegte **Inventur**
ver·leg·te In·ven·tur
eine **Inventur**, die drei Monate vor und bis zu zwei Monate nach der Jahres**bilanz** stattfinden kann
auch zeitverschobene Inventur
10.008

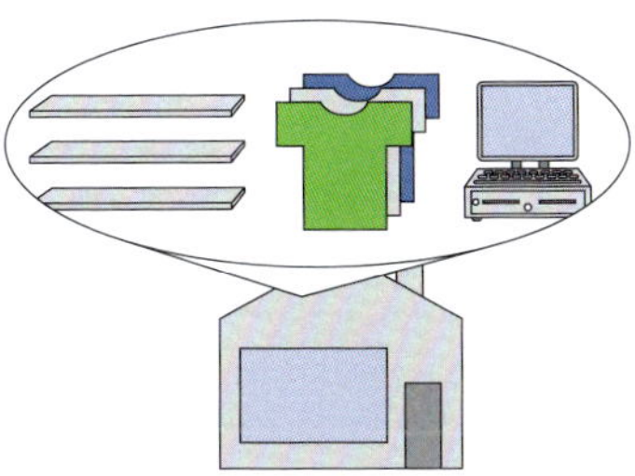

das **Inventar** 1
In·ven·tar <–e>
alle Gegenstände, die zu einem Laden gehören
10.009

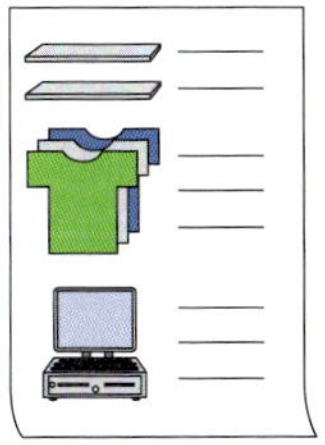

das **Inventar** 2
In·ven·tar <–e>
eine Liste mit allen Gegenständen, die zu einem Laden gehören
10.009

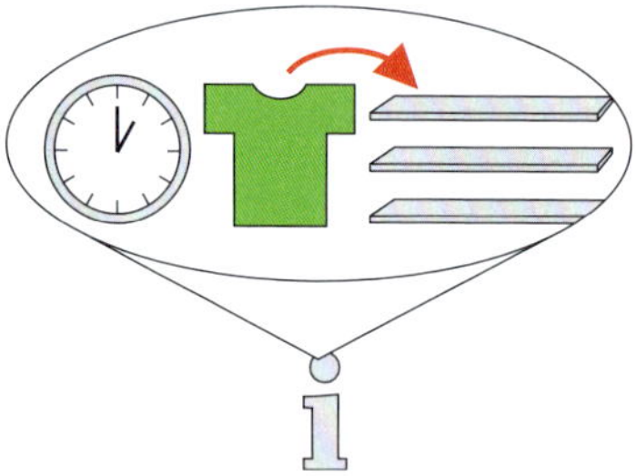

die **Lagerbewegungskennzahl**

La·ger·be·we·gungs·kenn·zahl <–en>
alle Informationen, die mit der Lagerzeit von Waren zu tun haben
10.010

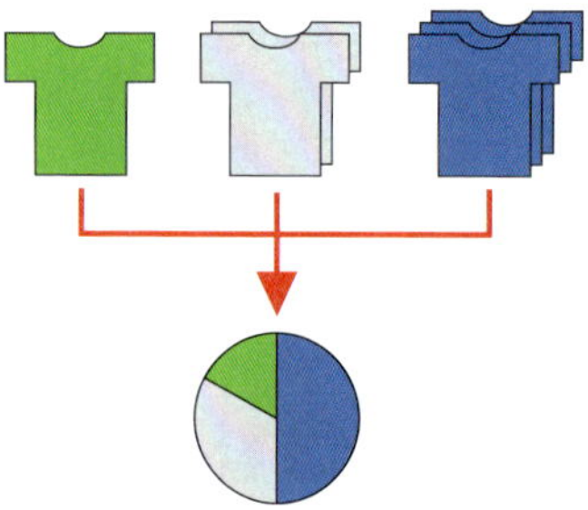

die Mengenbasis

Men·gen·ba·sis <Mengenbasen>
die Menge des **Absatzes** als Grundlage für die Bestimmung des **Marktanteils**
10.011

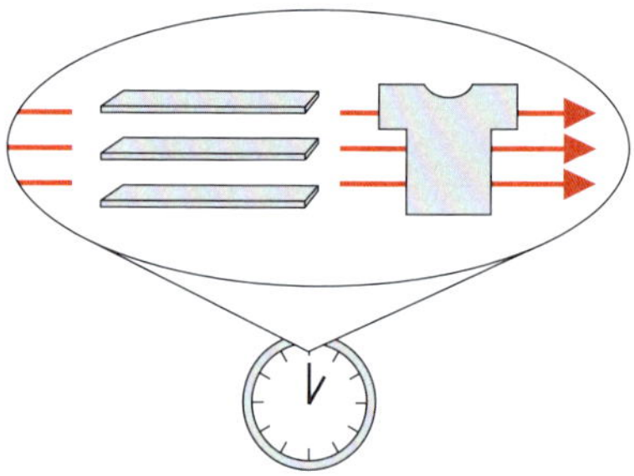

die Umschlagshäufigkeit

Um·schlags·häu·fig·keit <–en>
eine Angabe darüber, wie oft der **Lagerbestand** in einer bestimmten Zeit verkauft wurde; sie wird mit einer **Formel** berechnet
10.012

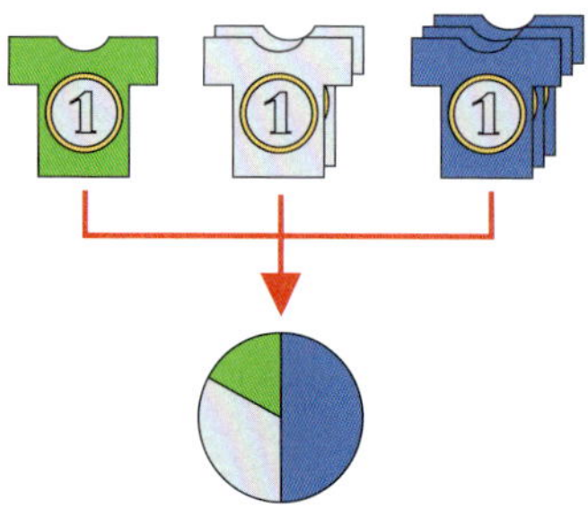

die Wertbasis

Wert·ba·sis <Wertbasen>
der Wert des **Absatzes** als Grundlage für die Bestimmung des **Marktanteils**
10.013

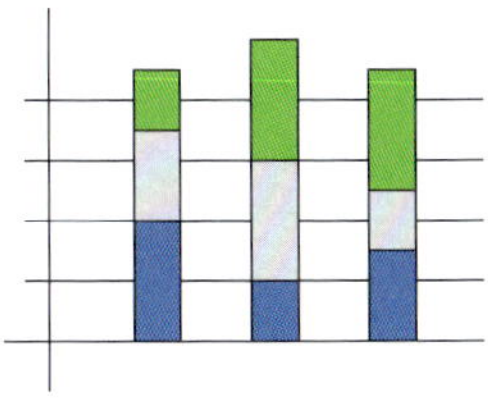

das Stapeldiagramm
Sta·pel·dia·gramm <–e>
eine Grafik mit Linien zum Vergleich mehrerer Größen, Mengen, Zahlen usw.
auch gestapeltes Säulendiagramm
10.014

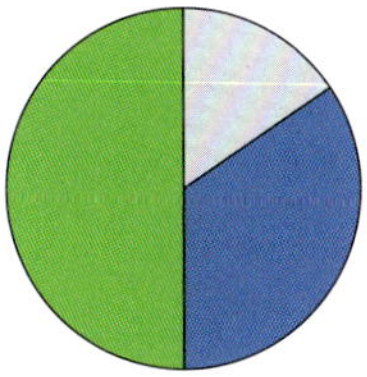

das Tortendiagramm
Tor·ten·dia·gramm <–e>
eine Grafik in Tortenform zur Darstellung von Teilen eines Ganzen
10.015

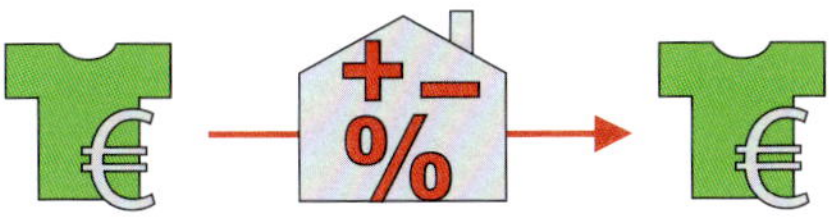

die Vorwärtskalkulation
Vor·wärts·kal·ku·la·ti·on <–en>
eine Möglichkeit, den Verkaufspreis zu berechnen
10.016

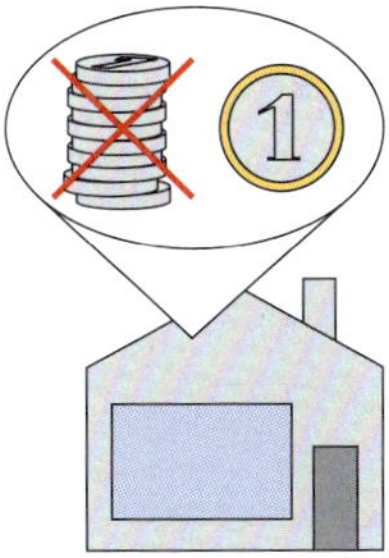

die Wirtschaftlichkeit
Wirt·schaft·lich·keit <–en>
hier: die sparsame Verwendung von Mitteln, um ein Verkaufsziel zu erreichen
10.017

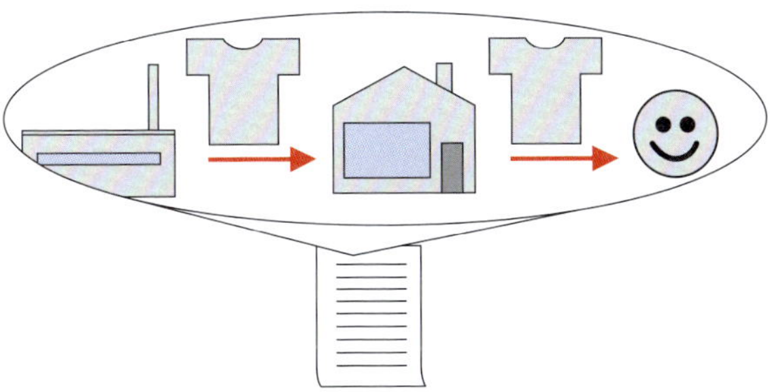

der Warenfluss
Wa·ren·fluss <Warenflüsse>
die Beschreibung des Weges der Waren von der Herstellung bis zum Verbrauch
10.018

der **Bestand**
Be·stand <Bestände>
die Menge der Waren in einem Geschäft
11.001

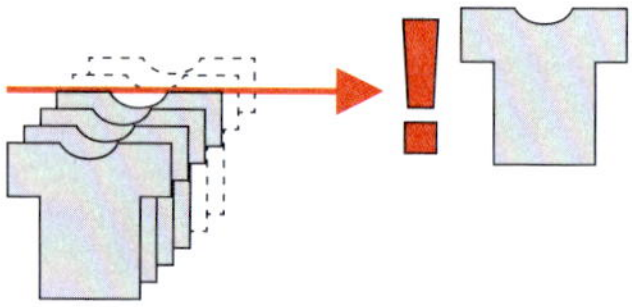

der Meldebestand
Mel·de·be·stand <Meldebestände>
die Höhe des **Bestands**, bei der neu bestellt werden muss, damit immer der **Mindestbestand** auf Lager ist
auch Meldemenge, Bestellbestand, Anforderungsbestand, Bestellgrenze, Bestellpunkt
11.002

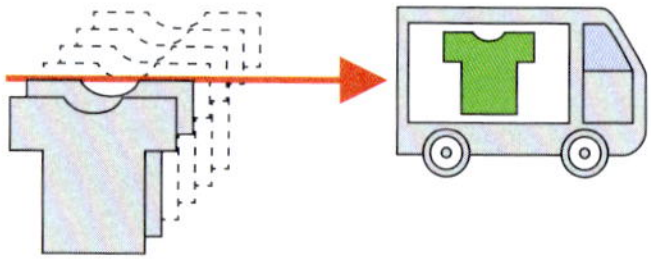

der Mindestbestand
Min·dest·be·stand <Mindestbestände>
die Menge an Produkten, die auf Lager sein muss, um immer liefern zu können
11.003

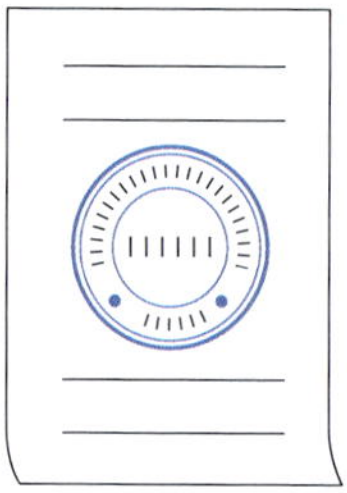

Hazard Analysis and Critical Control Points Concept
Ha·zard Ana·ly·sis and Cri·ti·cal Con·trol Points Con·cept
kurz HACCP Concept, HACCP-Konzept
ein Plan zur Vermeidung von Gesundheitsgefahren durch Lebensmittel
auch Gefahrenanalyse kritischer Lenkungspunkte
11.004

Lager

der **Lagerbestand**
La·ger·be·stand <Lagerbestände>
die Menge von Waren, die sich im Lager befinden
11.005

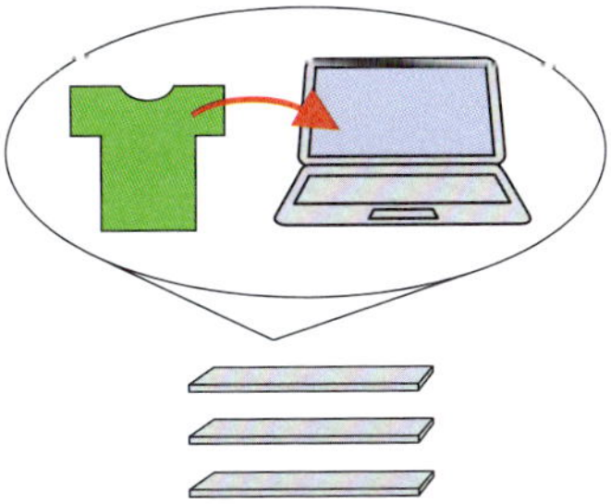

die **Lagerhaltung**
La·ger·hal·tung <–en>
die Verwaltung von Waren in einem Lager für den späteren Verkauf
11.006

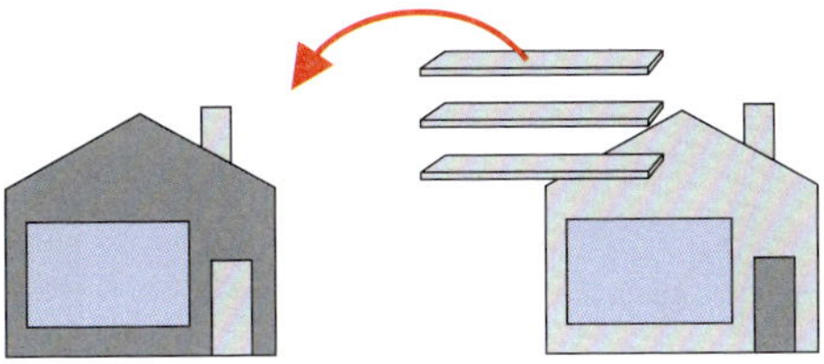

das **Outsourcing des Lagers**
Out·sour·cing des La·gers
das eigene Lager wird von einer anderen Firma im Auftrag geführt
auch Auslagerung
11.007

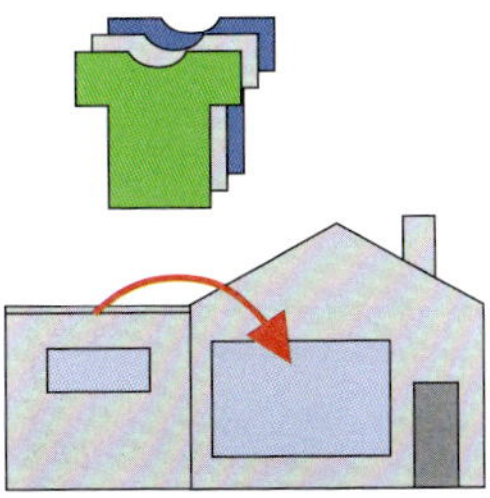

das **Reservelager**
Re·ser·ve·la·ger <–>
der Platz von Waren, bevor sie in den **Verkaufsraum** kommen
auch Einheitenlager
11.008

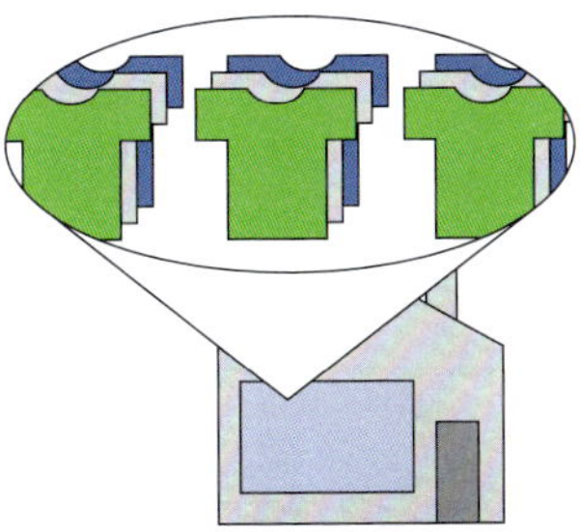

das **Verkaufslager**
Ver·kaufs·la·ger <–>
eine größere Warenmenge im **Verkaufsraum**
11.009

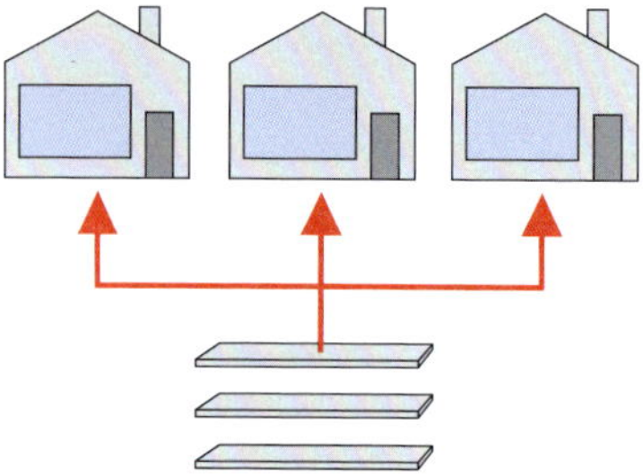

das **Zentrallager**
Zen·tral·la·ger <–>
ein gemeinsames Lager für die **Filialen** eines Unternehmens
11.010

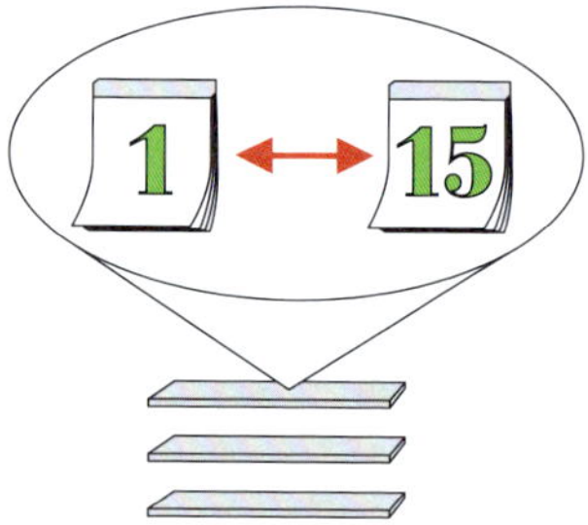

die **Lagerkennziffer**
La·ger·kenn·zif·fer <–n>
der Vergleich des aktuellen mit einem früheren **Lagerbestand** oder mit Zahlen, die in der **Branche** üblich sind
11.011

Mängel

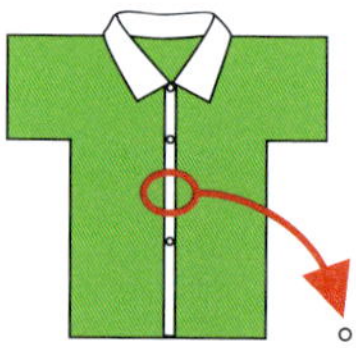

der **Qualitätsmangel**
Qua·li·täts·man·gel <Qualitätsmängel>
ein Fehler oder Schaden an einem Produkt
11.012

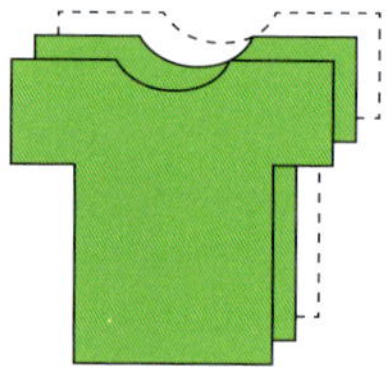

der **Quantitätsmangel**
Quan·ti·täts·man·gel <Quantitätsmängel>
die Produktmenge ist zu klein
11.013

der **Sachmangel**
Sach·man·gel <Sachmängel>
ein Fehler an der Ware, für den es eine gesetzliche Regelung gibt
11.014

erheblicher Mangel
er·heb·li·cher Man·gel
ein **Sachmangel**, dessen Reparatur mehr als 5 % des Kaufpreises kosten würde
11.015

geringfügiger Mangel
ge·ring·fü·gi·ger Mangel
ein **Sachmangel**, dessen Reparatur weniger als 5 % des Kaufpreises kostet
11.016

offener Mangel
of·fe·ner Man·gel
ein Fehler am Produkt, der bei gründlicher Prüfung festgestellt wird; die Ware ist kaputt oder funktioniert nicht
11.017

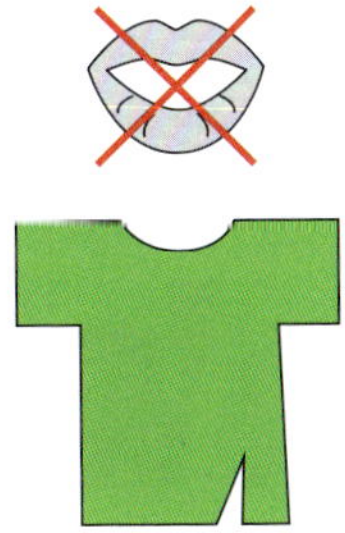

verschwiegener Mangel
ver·schwie·ge·ner Man·gel
ein Mangel, den der Verkäufer kannte, aber nicht genannt hat
11.018

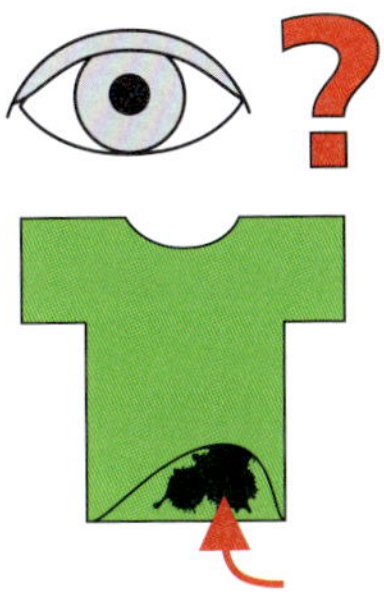

versteckter Mangel
ver·steck·ter Man·gel
ein Mangel, der auch bei gründlicher Prüfung nicht zu sehen ist
11.019

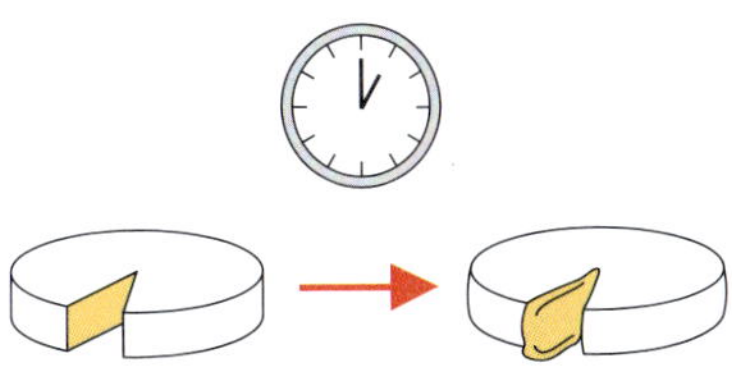

die Warenveredelung
Wa·ren·ver·ede·lung <–en>
die Verbesserung eines Produkts durch den **Einzelhandel**;
z. B. das Reifen von Käse im Lager
11.020

die Aktion
Ak·ti·on <–en>
hier: eine in der Zeit begrenzte spezielle Präsentation oder besondere Preise für bestimmte **Artikel**
12.001

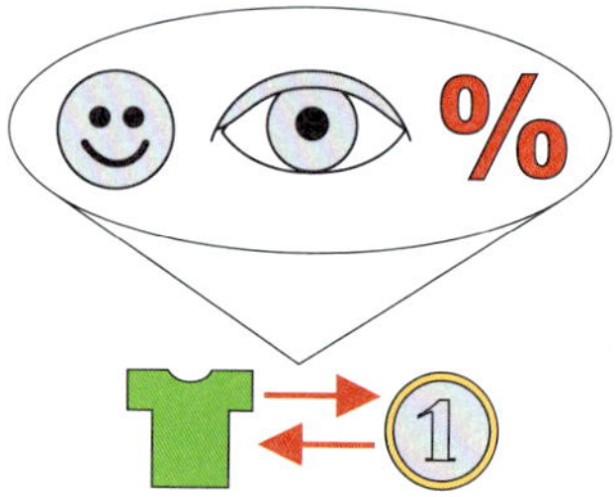

der Kaufimpuls
Kauf·im·puls <–e>
der Grund (oft ein Gefühl), warum ein Kunde ein Produkt kauft
12.002

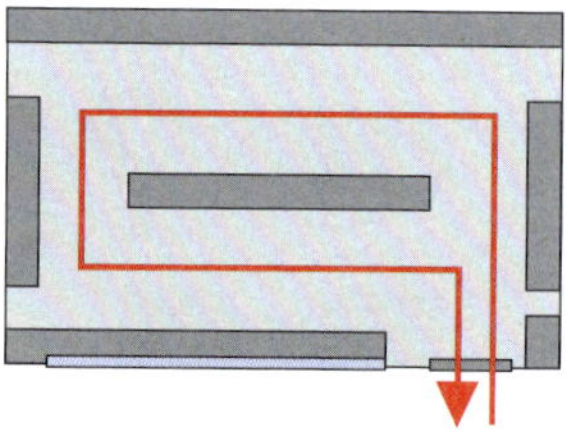

die Kundenlaufstudie
Kun·den·lauf·stu·die <–n>
ein Bericht darüber, welche Wege die Kunden im Laden gehen
auch Kundenlaufanalyse
12.003

Schaufenster

das Anlassfenster
An·lass·fens·ter <–>
ein Schaufenster, in dem besondere Ereignisse die Dekoration bestimmen; z. B. Weihnachten, Muttertag, Oktoberfest
12.004

das Ein-Artikel-Schaufenster
Ein-Ar·ti·kel-Schau·fens·ter <–>
ein Schaufenster, in dem nur ein Produkt präsentiert wird; z. B. ein Schmuckstück
auch Spezialfenster, Qualitätsfenster
12.005

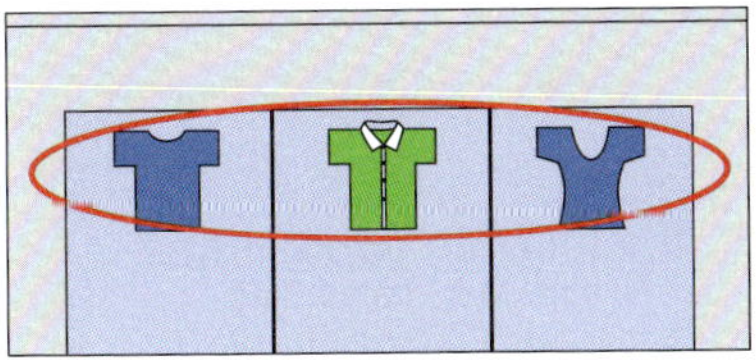

die Fernwirkung
Fern·wir·kung <–en>
die Wirkung der Waren im oberen Bereich des Schaufensters
12.006

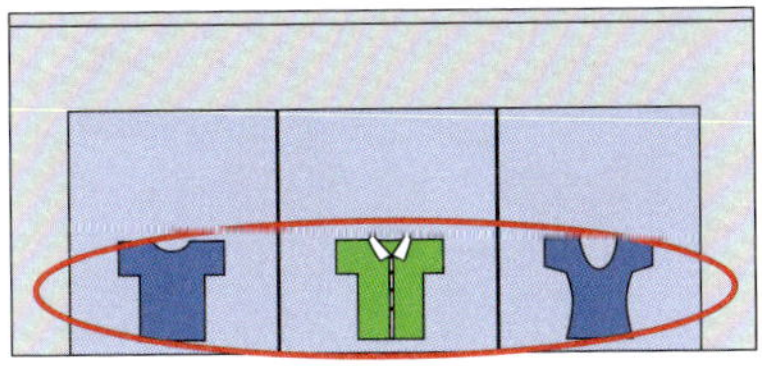

die Nahwirkung
Nah·wir·kung <–en>
die Wirkung der Produkte im unteren Bereich des Schaufensters
12.007

das Plakatfenster
Pla·kat·fens·ter <–>
ein Schaufenster, in dem nur ein großes Poster oder eine kleine Warengruppe und ein großes Poster sind
12.008

das Stapelfenster
Sta·pel·fens·ter <–>
ein Schaufenster mit vielen Produkten einer bestimmten Warengruppe, die preiswert wirken sollen
auch Massenfenster, Warenberg
12.009

das Themenfenster
The·men·fens·ter <–>
ein Schaufenster, das mit Gegenständen und Bildern dekoriert ist; alle passen zu einem Thema, z. B. Fußball oder Ferien
12.010

das Übersichtsfenster
Über·sichts·fens·ter <–>
ein Schaufenster, das möglichst viel vom **Sortiment** des Geschäfts zeigt
12.011

Visual Merchandising

Vi·su·al Mer·chan·di·sing

die interessante Präsentation der Ware, sodass ein **Verkaufsgespräch** nicht nötig ist

12.012

die Warenplatzierung

Wa·ren·plat·zie·rung <–en>

die Plätze, an denen Produkte präsentiert werden

12.013

die Reckzone

Reck·zo·ne <–n>

der oberste Bereich von Ladenregalen, beginnt etwa bei 1,80 m

12.014

die Sichtzone

Sicht·zo·ne <–n>

der Bereich des Regals, der sich etwa in der Höhe der Augen des Käufers befindet

12.015

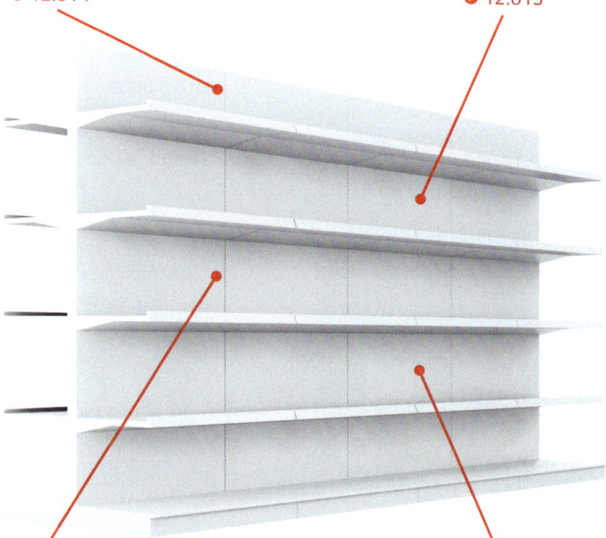

die Greifzone

Greif·zo·ne <–n>

der Bereich im Regal zwischen 80 cm und 1,40 m

12.016

die Bückzone

Bück·zo·ne <–n>

der unterste Bereich in einem Regal, bis zu einer Höhe von 60–80 cm

12.017

die Erstplatzierung 1
Erst·plat·zie·rung <–en>
hier: ein Produkt hat einen festen Platz im Regal
auch Hauptplatzierung
12.018

die Erstplatzierung 2
Erst·plat·zie·rung <–en>
hier: ein Produkt wird auf einer **Aktions**fläche besonders präsentiert
12.018

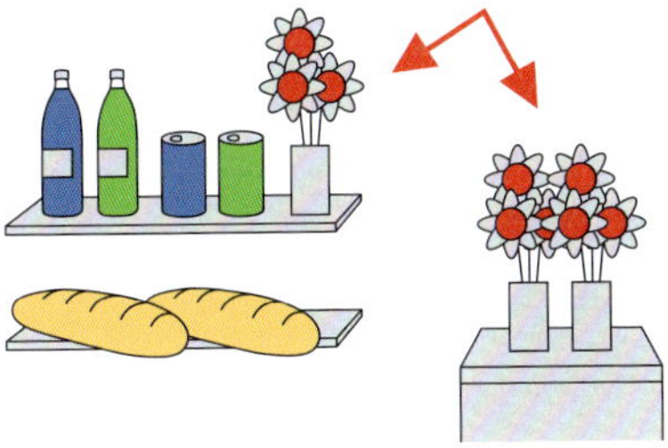

die Zweitplatzierung
Zweit·plat·zie·rung <–en>
hier: Produkte stehen im Regal und werden zusätzlich noch an anderer Stelle angeboten
12.019

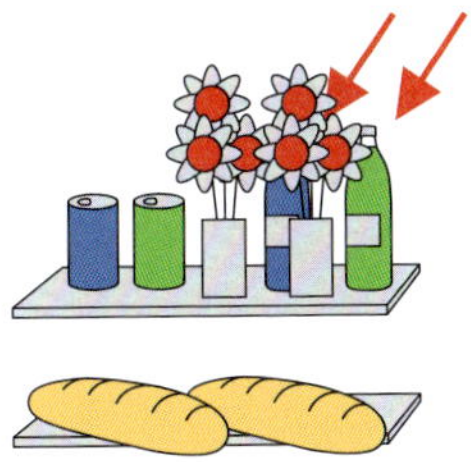

die Drittplatzierung
Dritt·plat·zie·rung <–en>
hier: Produkte werden lange in weniger beliebten Bereichen präsentiert
12.020

die Längsplatzierung
Längs·plat·zie·rung <–en>
die Produkte werden in oder auf langen **Warenträgern** präsentiert
12.021

die Mischplatzierung
Misch·plat·zie·rung <–en>
Längsplatzierung und **Querplatzierung** werden gemischt
12.022

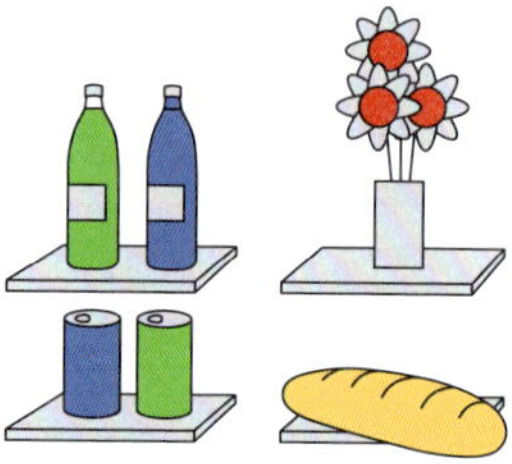

die Querplatzierung
Quer·plat·zie·rung <–en>
die Produkte werden auf oder in schmalen **Warenträgern** präsentiert
12.023

die Verbundplatzierung
Ver·bund·plat·zie·rung <–en>
Waren werden als Gruppen präsentiert, z. B. Obst und Gemüse
12.024

der Warenträger
Wa·ren·trä·ger <–>
ein Gegenstand, auf oder in dem Produkte präsentiert werden, z. B. ein Tisch oder Regal
auch Warenpräsenter
12.025

der Barrenständer
Bar·ren·stän·der <–>
ein **Warenträger** mit zwei Stangen, meist für Kleidung
12.026

das Display
Dis·play <–s>
hier: spezieller **Warenträger**, um Produkte verkaufsfördernd zu präsentieren
12.027

die **Glastheke**
Glas·the·ke <-n>
hier: ein Tisch aus Glas, an dem Waren präsentiert und Kunden bedient werden
12.028

die **Gondel**
Gon·del <-n>
ein **Warenträger**, in den Regalböden (Bretter) eingehängt werden
auch Warengondel
12.029

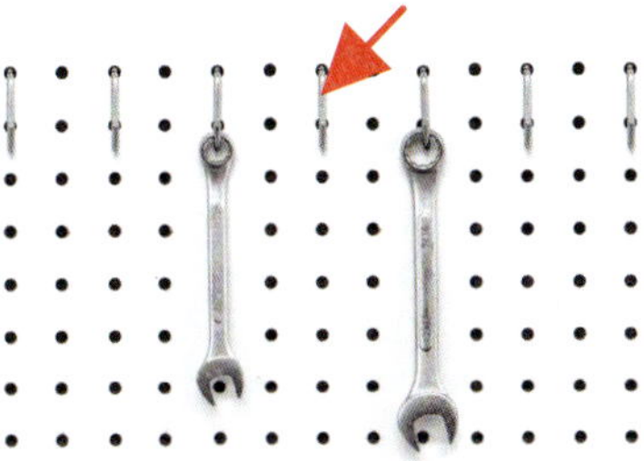

der **Lochwandhaken**
Loch·wand·ha·ken <->
ein Haken, der in eine Wand mit Löchern gehängt wird
12.030

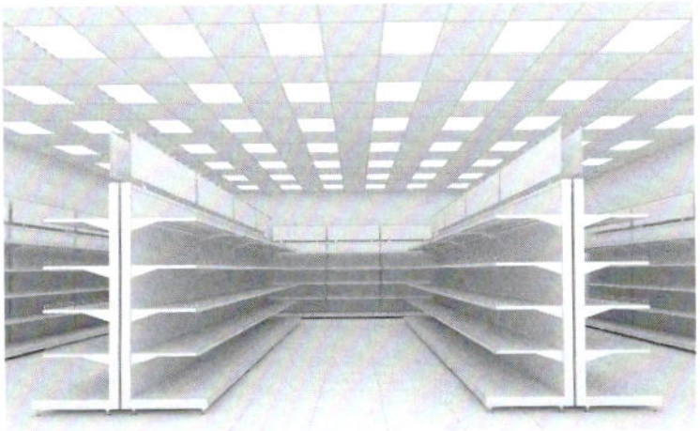

das **Mittelraumregal**
Mit·tel·raum·re·gal <-e>
ein Regal, das von mindestens zwei Seiten genutzt werden kann
12.031

der **Rundständer**
Rund·stän·der <->
ein runder **Warenträger**, meist für Kleidung
12.032

der **Stapelkorb**
Sta·pel·korb <Stapelkörbe>
ein vorne offener Behälter zur Präsentation von Produkten
12.033

das **Zonenprinzip**

Zo·nen·prin·zip <–ien>
die Regeln, nach denen ein Verkaufsraum organisiert wird
auch Zonenmodell
12.034

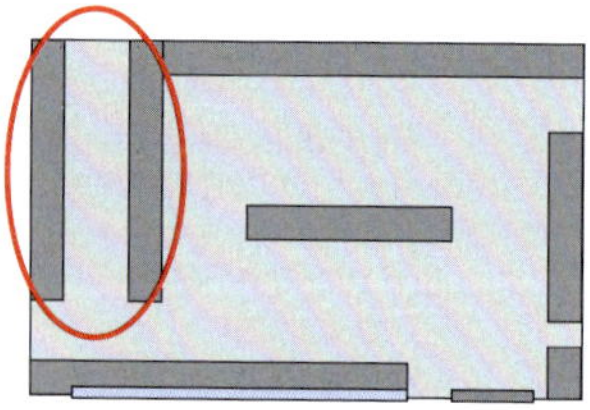

verkaufsschwache Zone

ver·kaufs·schwa·che Zo·ne
Bereiche, in denen Kunden nicht gerne sind; z. B. dunkle, zu lange oder zu breite Gänge
12.035

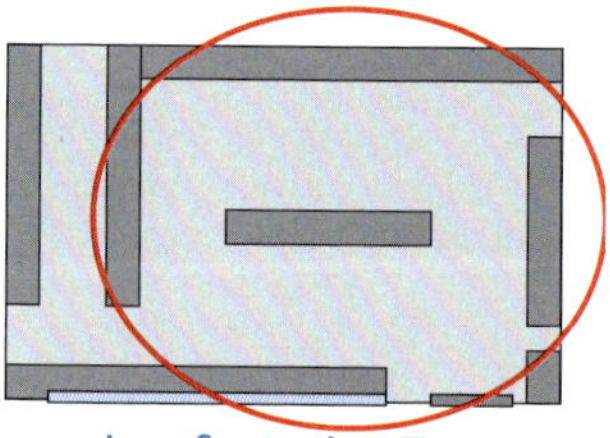

verkaufsstarke Zone

ver·kaufs·star·ke Zo·ne
Bereiche, in denen Kunden gerne und häufig sind; z. B. alles, was sich auf der rechten Seite der Hauptwege oder in der Nähe von Lift und Treppe befindet
auch verkaufsaktive Zone
12.036

das **Bedürfnis**
Be·dürf·nis <–se>
der starke Wunsch, etwas zu besitzen oder tun zu können
13.001

das Existenzbedürfnis
Exis·tenz·be·dürf·nis <–se>
ein **Grundbedürfnis**, das erfüllt sein muss, damit man leben kann, z. B. Nahrung, Wärme, Schlaf
auch primäres Bedürfnis
13.002

das Grundbedürfnis
Grund·be·dürf·nis <–se>
alle **natürlichen Bedürfnisse**, außerdem z. B. Gesundheit und Arbeit
13.003

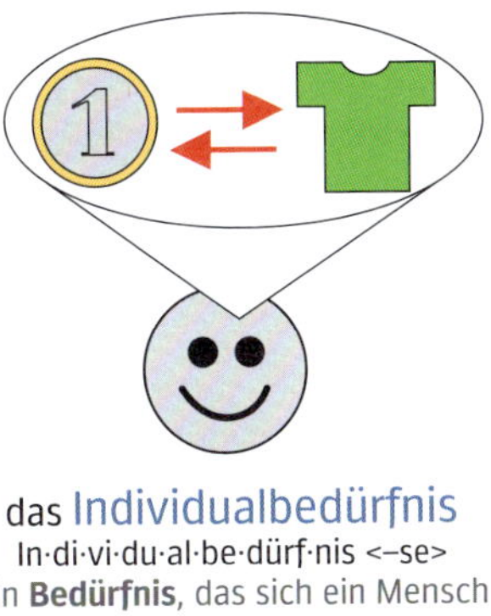

das Individualbedürfnis
In·di·vi·du·al·be·dürf·nis <–se>
ein **Bedürfnis**, das sich ein Mensch selbst erfüllen kann, indem er etwas tut, z. B. isst, trinkt, schläft oder etwas kauft
13.004

das Kollektivbedürfnis
Kol·lek·tiv·be·dürf·nis <–se>
ein **Bedürfnis**, das durch das Zusammenleben in einer Gemeinschaft entsteht und vom Staat durch Gesetze erfüllt werden soll, z. B. Sicherheit, saubere Umwelt
auch Gemeinbedürfnis
13.005

das **Kulturbedürfnis**
Kul·tur·be·dürf·nis <–se>
der Wunsch, in ein Museum zu gehen, ein Konzert zu hören oder ein Buch zu lesen
13.006

das **Luxusbedürfnis**
Lu·xus·be·dürf·nis <–se>
der Wunsch, Dinge zu besitzen oder zu tun, die zum Leben nicht unbedingt notwendig sind
13.007

natürliches Bedürfnis
na·tür·li·ches Be·dürf·nis
ein Wunsch, der von **Bedürfnissen** des Körpers bestimmt wird, z. B. Wärme, Trinken
13.008

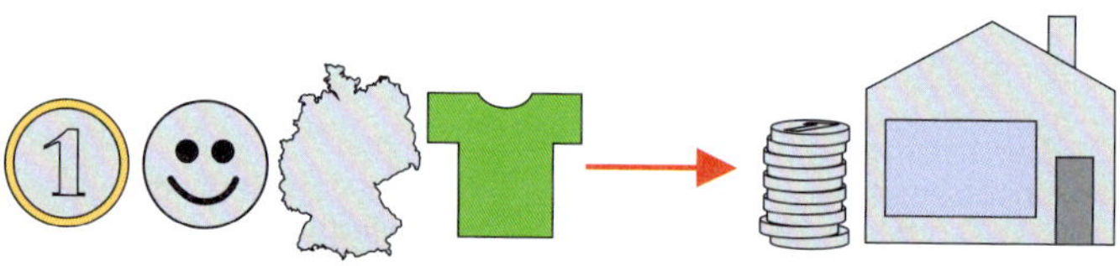

der **Betriebsfaktor**
Be·triebs·fak·tor <–en>
verschiedene Faktoren, die für den Erfolg eines Unternehmens wichtig sind: Kapital, Personal, **Standort** und Ware
13.009

die **Berufsgenossenschaft**
Be·rufs·ge·nos·sen·schaft <–en>
kurz Berufsgen., Ber.-Gen.
eine Organisation, zuständig für die Pflichtversicherung aller Beschäftigten; sie zahlt bei Arbeitsunfällen und achtet darauf, dass Gesetze nicht verletzt werden
13.010

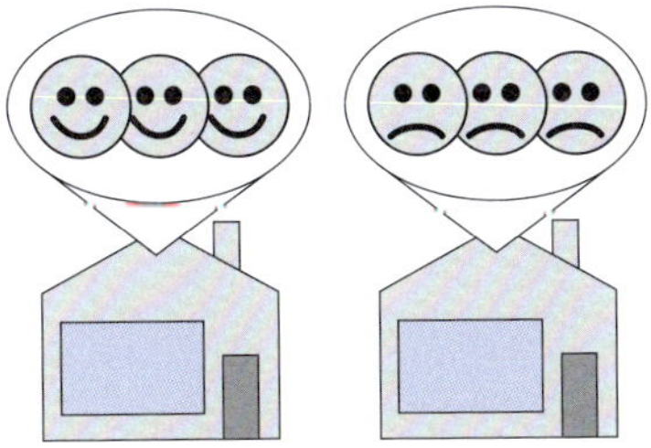

das **Betriebsklima**
Be·triebs·kli·ma *kein Plural*
die Atmosphäre in einem Unternehmen
13.011

der **Betriebsrat** 1
Be·triebs·rat <Betriebsräte>
von den Mitarbeitern gewählter Vertreter, der sich um ihre Interessen kümmern soll
13.012

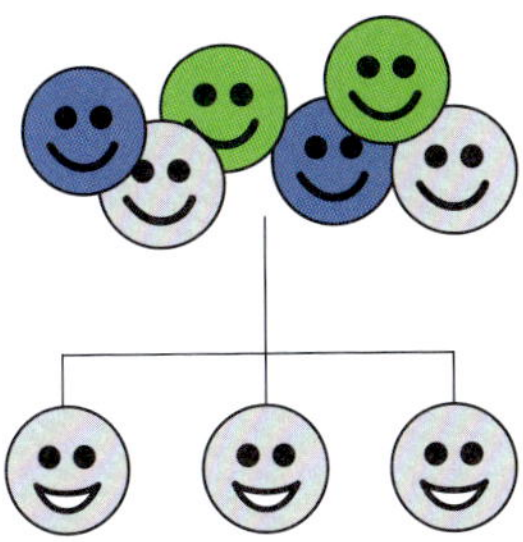

der **Betriebsrat** 2
Be·triebs·rat <Betriebsräte>
eine Organisation; sie besteht aus mehreren Betriebsräten
13.012

der **Dienstplan**
Dienst·plan <Dienstpläne>
ein Plan, der regelt, wer wann arbeitet
13.013

einfacher Wirtschaftskreislauf

ein·fa·cher Wirt·schafts·kreis·lauf

ein theoretisches Modell, das die Bewegung von Geld und Waren beschreibt

13.014

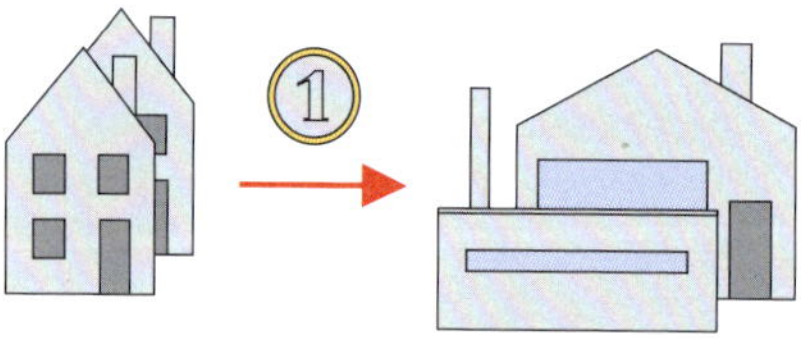

der **Geldstrom**

Geld·strom <Geldströme>

das Geld, das von privaten Haushalten in Unternehmen fließt

13.015

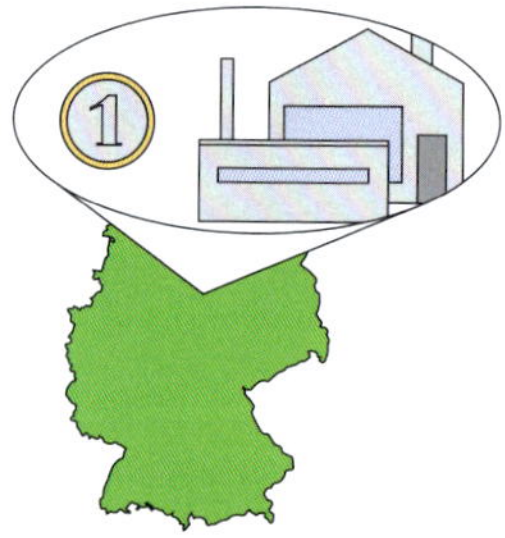

die **Gesamtwirtschaft**

Ge·samt·wirt·schaft <–en>

die ganze Wirtschaft eines Landes

13.016

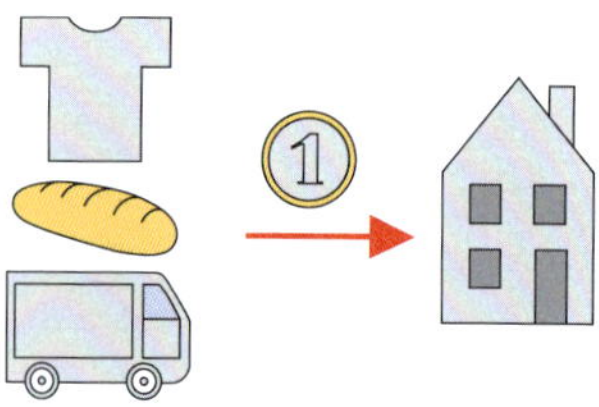

der **Güterstrom**

Gü·ter·strom <Güterströme>

die Leistungen oder Waren, die private Haushalte von Unternehmen kaufen

13.017

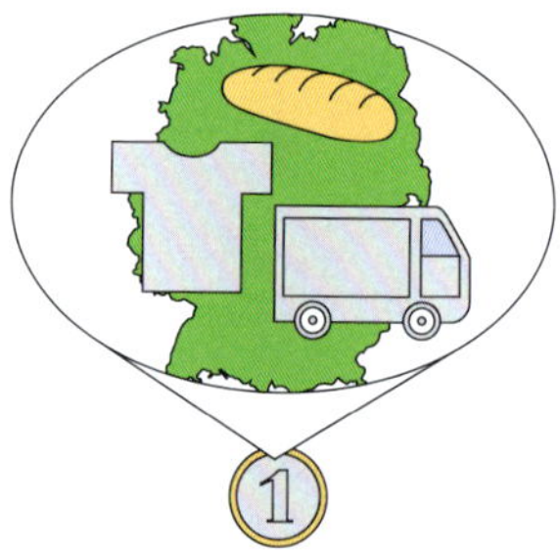

das **Inlandsprodukt**

In·lands·pro·dukt <–e>

der Wert aller hergestellten Waren und Leistungen (innerhalb eines Landes) in einer bestimmten Zeit

13.018

das **Volkseinkommen**

Volks·ein·kom·men <–>

das gesamte Einkommen eines ganzen Volkes

auch Nationaleinkommen

13.019

die Gewerkschaft
Ge·werk·schaft <–en>
eine Gemeinschaft von Arbeitnehmern zur Vertretung ihrer Interessen
13.020

die Jugend- und Auszubildendenvertretung
Ju·gend- und Aus·zu·bil·den·den·ver·tre·tung <–en> *kurz* JAV
die Vertretung von Jugendlichen unter 18 Jahren und Auszubildenden unter 25 Jahren
13.021

ökonomisches Prinzip

öko·no·mi·sches Prin·zip
hier: eine Regel, nach der man versucht, mit möglichst geringen Mitteln möglichst hohen Gewinn zu machen
auch Wirtschaftlichkeitsprinzip, Rationalprinzip, Input-Output-Relation
13.022

das Maximalprinzip
Ma·xi·mal·prin·zip <–ien>
hier: der Plan, als Händler mit den eigenen Mitarbeitern einen möglichst großen **Umsatz** zu erreichen
13.023

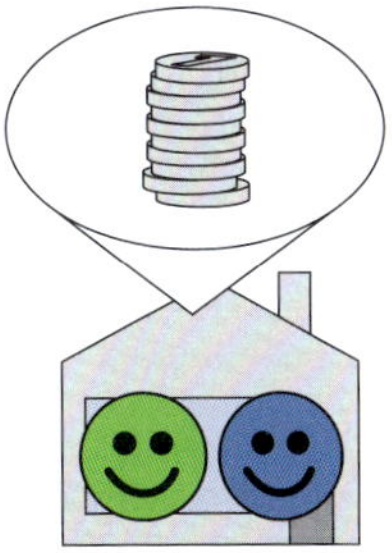

das Minimalprinzip
Mi·ni·mal·prin·zip <–ien>
hier: der Plan, als Händler mit möglichst wenig Mitarbeitern sein **Umsatz**ziel zu erreichen
13.024

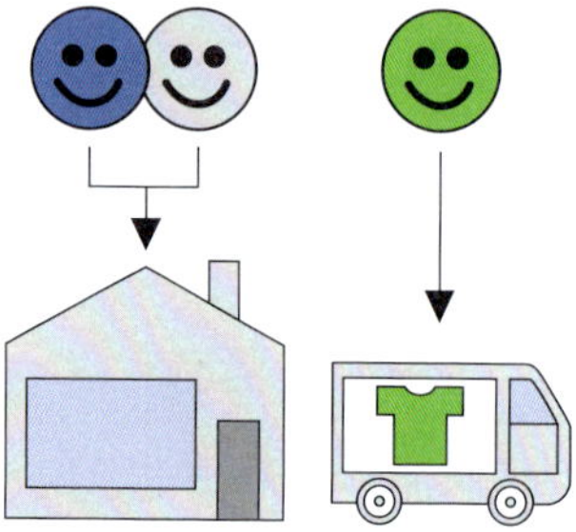

die **Personaleinsatzplanung**
Per·so·nal·ein·satz·pla·nung <–en> *kurz* PEP
Mitarbeiter werden einzelnen Stellen und Abteilungen zugeordnet
13.025

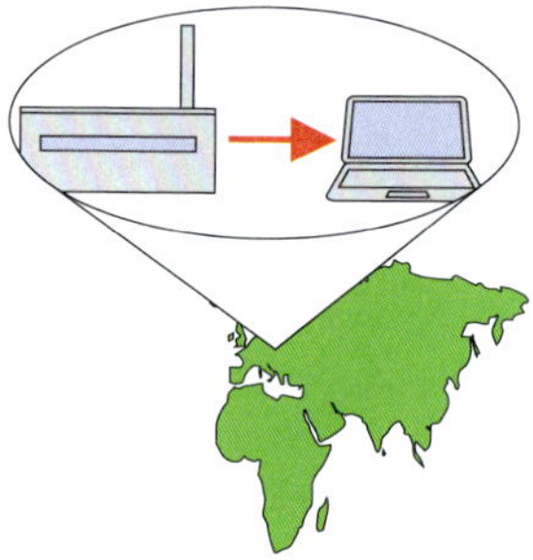

der **Strukturwandel**
Struk·tur·wan·del *kein Plural*
die Änderung einzelner Bereiche einer Wirtschaft oder Gesellschaft
13.026

die Wirtschaftsform
Wirt·schafts·form <–en>
hier: unterschiedliche Methoden, die Existenz durch das Verdienen von ausreichend Geld zu sichern
13.027

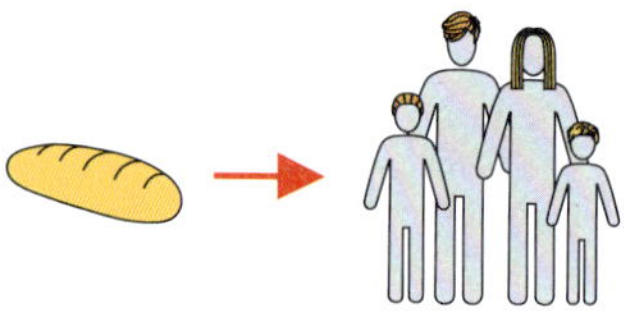

die **Bedarfswirtschaft**
Be·darfs·wirt·schaft <–en>
meist eine Landwirtschaft; sie soll die Existenz einer Familie oder einer kleinen Gemeinschaft sichern
auch Subsistenzwirtschaft
13.028

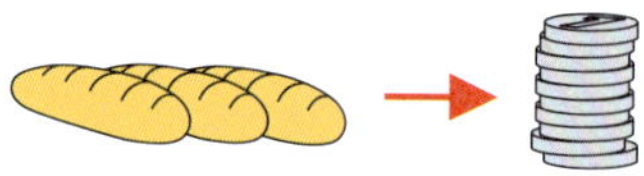

die **Erwerbswirtschaft**
Er·werbs·wirt·schaft <–en>
eine Form des Produzierens, Tauschens und Handelns, deren Ziel der Gewinn ist
13.029

die **ABC-Analyse**

ABC-Ana·ly·se <–n>
hier: das Feststellen, welche Produkte am meisten und welche am wenigsten verkauft werden
14.001

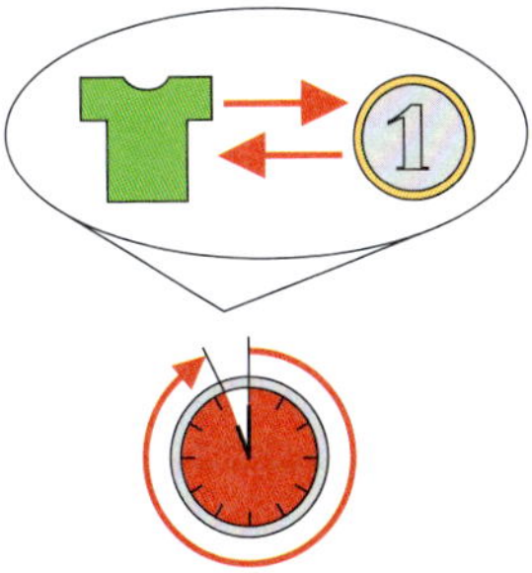

der Langsamdreher

Lang·sam·dre·her <–>
ein Produkt, das sehr wenig verkauft wird
auch Penner
14.002

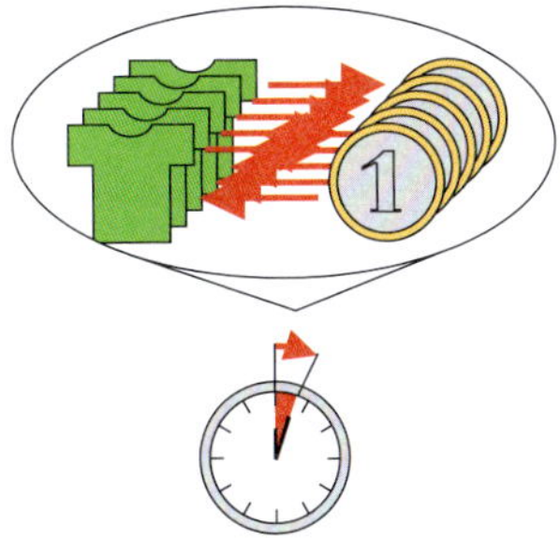

der Schnelldreher

Schnell·dre·her <–>
ein Produkt, das schnell und oft verkauft wird
auch Renner
14.003

der **Absatz**

Ab·satz <Absätze>
hier: die gesamte Menge der Waren, die verkauft werden
auch Verkauf
14.004

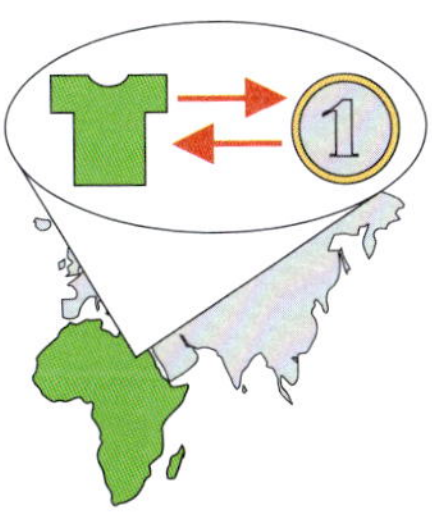

der Absatzmarkt

Ab·satz·markt <Absatzmärkte>
der (auch gedachte) Bereich, in dem Produkte verkauft werden
14.005

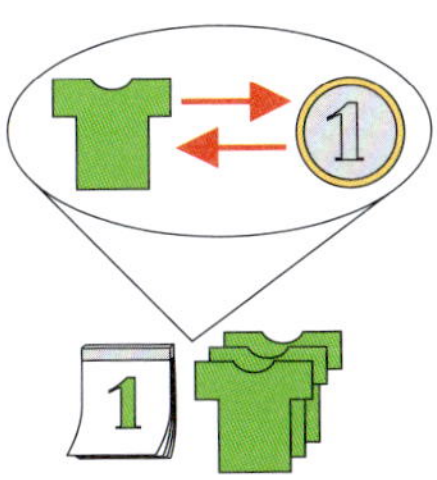

das Absatzvolumen

Ab·satz·vo·lu·men
<Absatzvolumen/Absatzvolumina>
die Menge an Waren, die in einem bestimmten Zeitraum verkauft wird
14.006

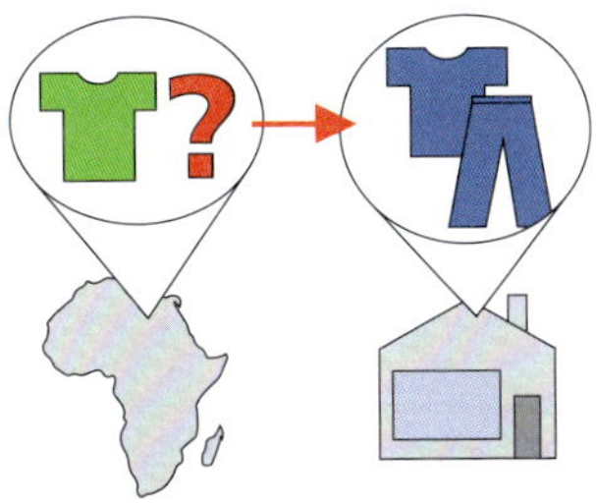

die Absatzwirtschaft

Ab·satz·wirt·schaft *kein Plural*
der Aufgabenbereich, den Bedarf am Markt festzustellen und die passenden Produkte dafür anzubieten
14.007

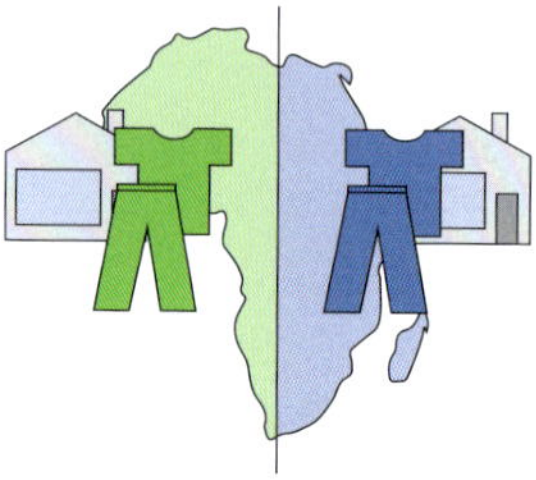

der Marktanteil ❶
Markt·an·teil <–e>
der Teil vom **Absatzmarkt**, den ein Unternehmen mit seinen Produkten im Vergleich zu anderen Anbietern hat
▶ 14.008

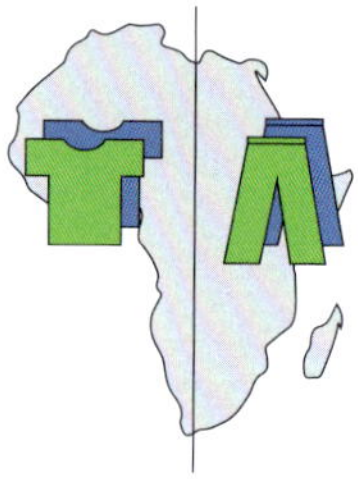

der Marktanteil ❷
Markt·an·teil <–e>
der Teil vom **Absatzmarkt**, den ein Produkt im Vergleich zu anderen Produkten hat
▶ 14.008

der Coupon
Cou·pon <–s>
ein **Gutschein** oder Rabatt, der beim Kauf berücksichtigt wird
▶ 14.009

die Diversifikation
Di·ver·si·fi·ka·ti·on <–en>
das Anbieten eines sehr großen **Sortiments**
auch Diversifizierung
▶ 14.010

die Ethik
Ethik <–en>
hier: das korrekte Verhalten in der Werbung
auch Moral
▶ 14.011

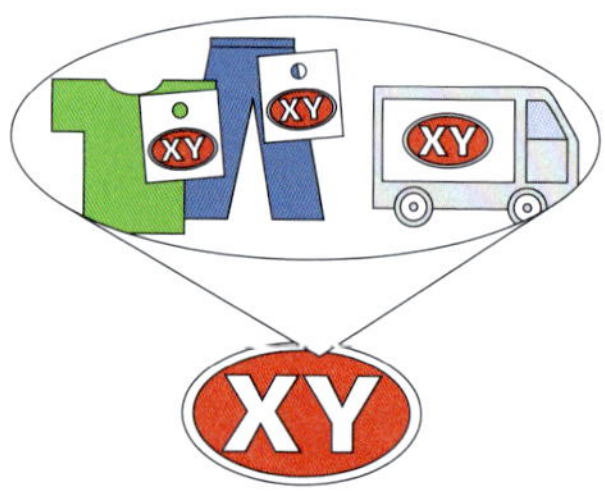

das Firmenzeichen
Fir·men·zei·chen <–>
eine bestimmte Schrift und/oder eine Grafik, die eine Firma verwendet, damit ihre Produkte erkannt werden
auch Logo
▶ 14.012

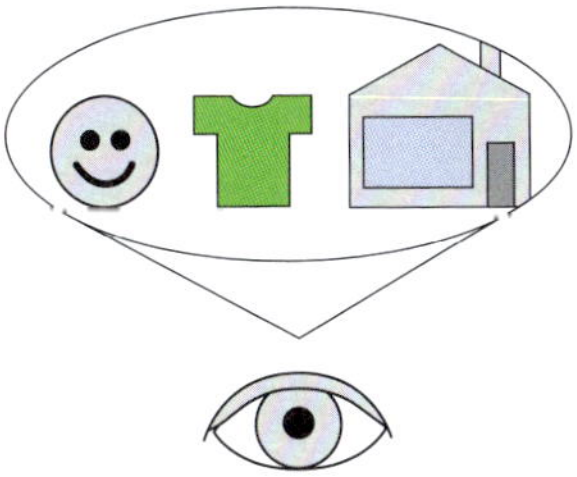

das Image
Image <–s>
hier: der gesamte Eindruck,
den eine Firma auf die Kunden macht
14.013

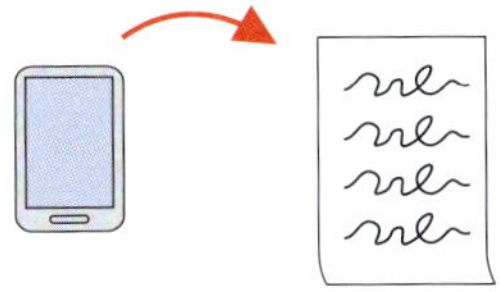

der Medienbruch
Me·di·en·bruch <Medienbrüche>
ein Wechsel des Mediums beim
Weitergeben von Informationen
(z. B. vom Telefon zum Papier)
14.014

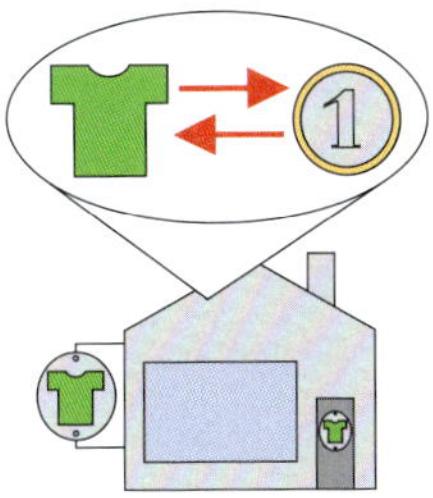

der Point of Sale
Point of Sale <Points of Sale> *kurz* PoS
die Stelle, an welcher der Kunde
eine Ware kauft
auch Einkaufsstelle, Verkaufsort
14.015

die Postwurfsendung
Post·wurf·sen·dung <–en>
Werbung, die mit der Post an sehr
viele Haushalte ohne Angabe
der Empfänger geschickt wird
14.016

Rabatt

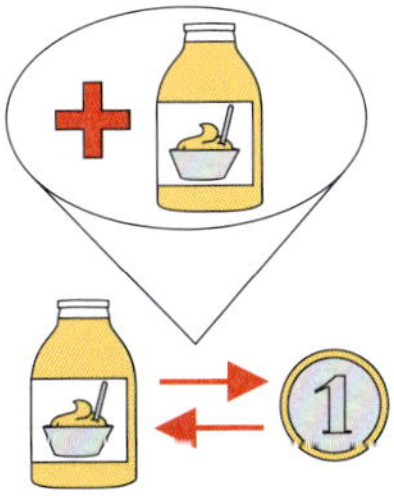

die Draufgabe
Drauf·ga·be <–n>
der Käufer erhält eine zusätzliche
Menge des gekauften Produkts gratis
14.017

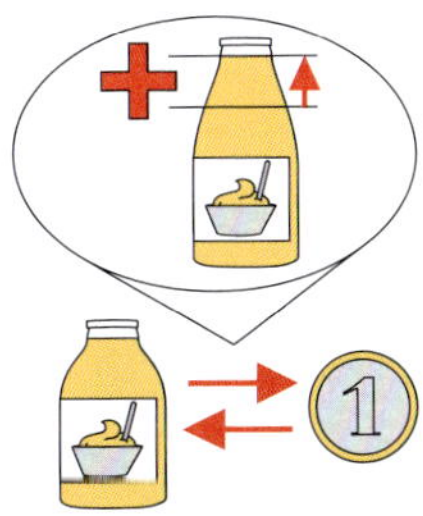

die Dreingabe
Drein·ga·be <–n>
der Käufer bezahlt nur einen Teil der Ware,
die er kauft; eine kleinere Menge der
Produkte bekommt er gratis
14.018

der Naturalrabatt
Na·tu·ral·ra·batt <–e>
ein Rabatt, der mit der Lieferung einer Ware geleistet wird, in Form von **Dreingabe**, **Draufgabe** oder **Zugabe**
14.019

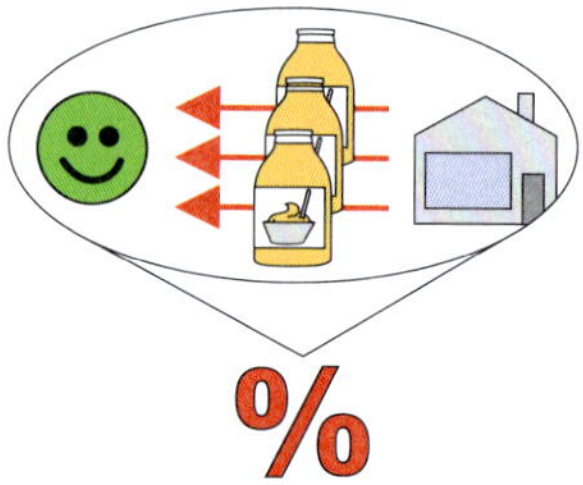

der Treuerabatt
Treue·ra·batt <–e>
ein Rabatt, den jemand bekommt, weil er seit längerer Zeit Kunde ist
14.020

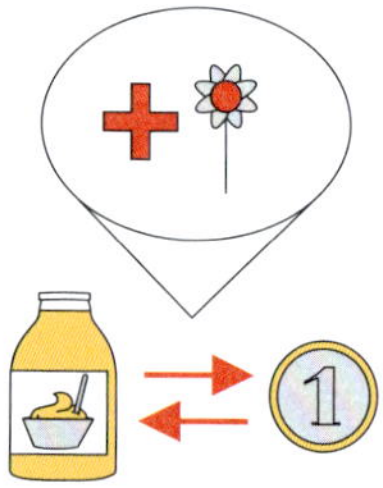

die Zugabe
Zu·ga·be <–n>
eine **Draufgabe**, die aber auch ein anderes als das bezahlte Produkt sein kann
14.021

spezielle Warenpräsentation

die Duftstation
Duft·sta·ti·on <–en>
ein Platz im Geschäft, an dem getestet werden kann, wie Produkte riechen
auch Duftinsel
14.022

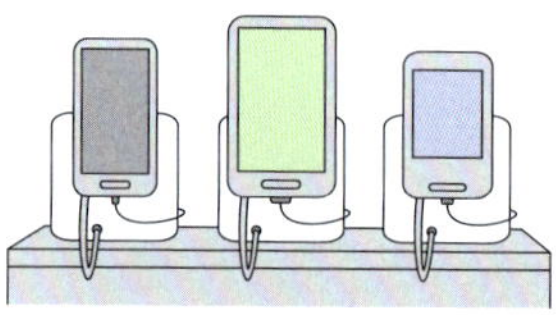

die Teststation
Test·sta·ti·on <–en>
ein Platz, an dem probiert werden kann, wie Produkte funktionieren
14.023

die Verkostung
Ver·kos·tung <–en>
das Angebot, den Geschmack einer Speise oder eines Getränks zu probieren
14.024

das **Streugebiet**
Streu·ge·biet <–e>
das geografische Gebiet, in dem eine Werbung wirksam wird
14.025

der **Streukreis**
Streu·kreis <–e>
die Personengruppe, die mit der Werbung angesprochen wird
14.026

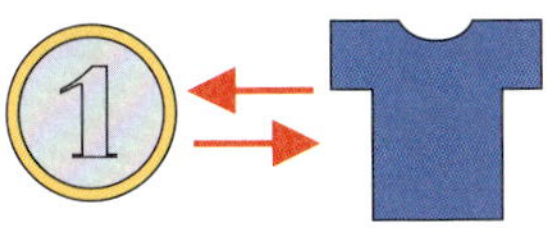

umsatzschwach
um·satz·schwach
<umsatzschwächer, am umsatzschwächsten>
so sind Produkte, die sich schlecht verkaufen
14.027

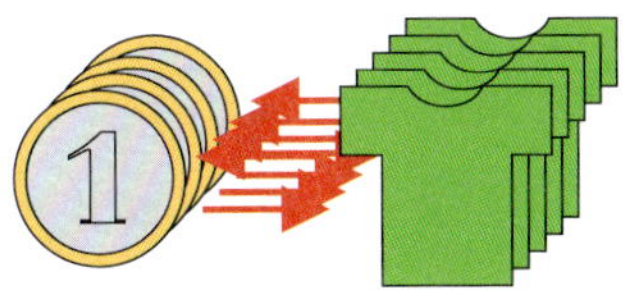

umsatzstark
um·satz·stark
<umsatzstärker, am umsatzstärksten>
so sind Produkte, die sich gut verkaufen
14.028

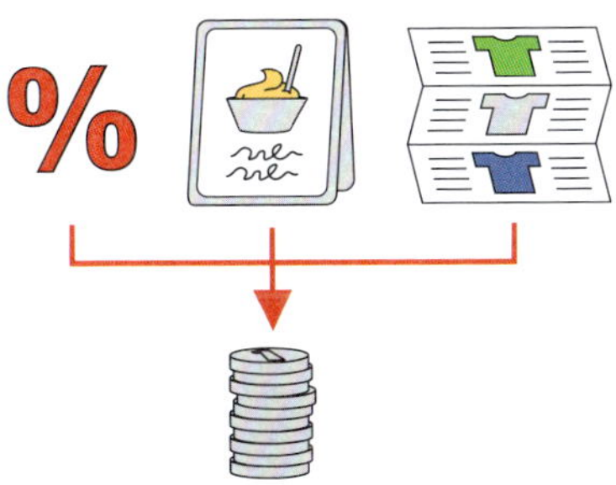

die **Verkaufsförderung**
Ver·kaufs·för·de·rung <–en>
Methoden oder Aktivitäten zum Erhöhen des **Umsatzes**
14.029

Vertrieb

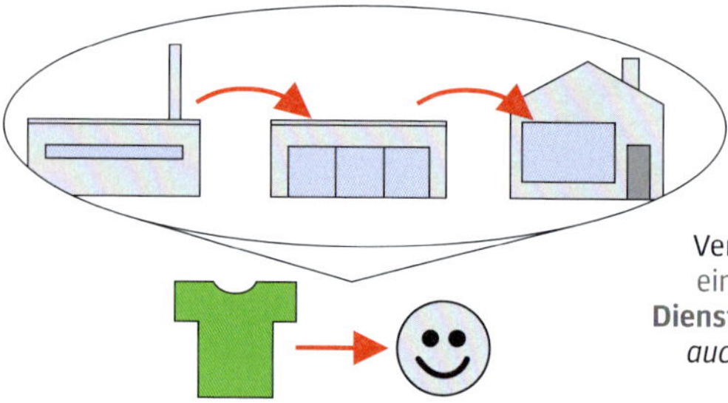

der **Vertriebskanal**
Ver·triebs·ka·nal <Vertriebskanäle>
ein Weg, über den Produkte oder **Dienstleistungen** zum Kunden kommen
auch Absatzweg, Distributionsweg
14.030

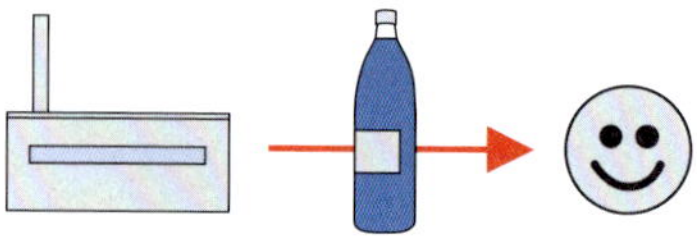

direkter Vertrieb
di·rek·ter Ver·trieb
der Verkauf eines Herstellers oder Anbieters direkt an den **Endverbraucher**, z. B. wenn ein Bauer eigene Produkte im Hofladen verkauft
14.031

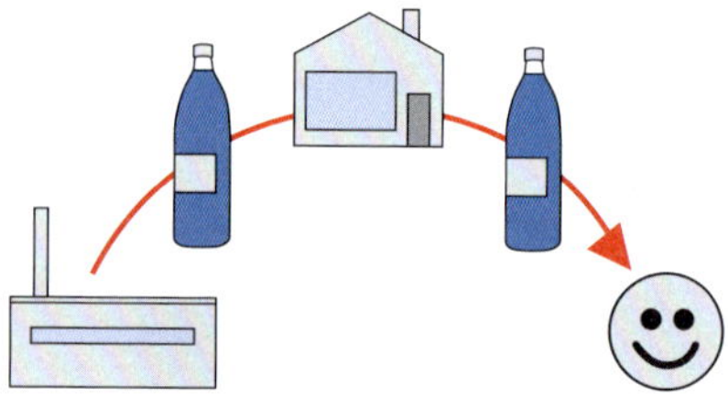

indirekter Vertrieb
in·di·rek·ter Ver·trieb
der Verkauf eines Herstellers oder Anbieters nicht direkt an den **Endverbraucher**, sondern über Händler, Gaststätten, Bäcker usw.
14.032

der **Werbeetat**
Wer·be·etat <–s>
der Geldbetrag, der für Werbung ausgegeben werden soll
auch Werbebudget
14.033

der **Werbegrundsatz**
Wer·be·grund·satz <Werbegrundsätze>
eine Regel, wie Werbung sein soll
14.034

die Werbeklarheit
Wer·be·klar·heit *kein Plural*
die Werbung soll gut zu verstehen sein
14.035

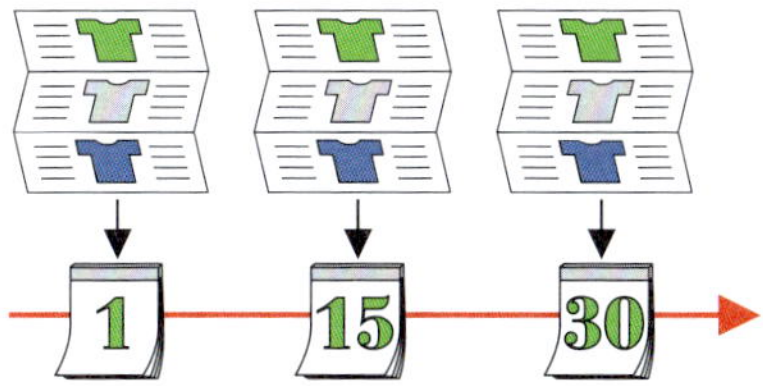

die Werbestetigkeit
Wer·be·ste·tig·keit *kein Plural*
dieselbe Werbung soll
längere Zeit verwendet werden
14.036

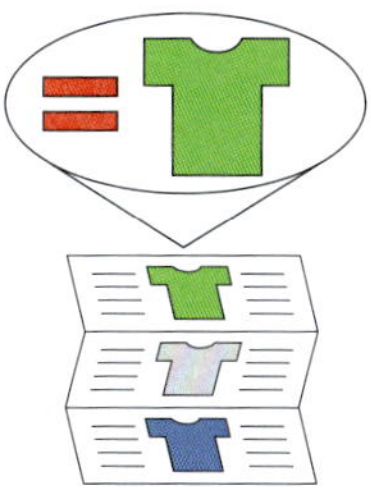

die Werbewahrheit
Wer·be·wahr·heit *kein Plural*
die Werbung soll das Produkt oder
die **Dienstleistung** ehrlich beschreiben
14.037

die Werbewirksamkeit
Wer·be·wirk·sam·keit *kein Plural*
hier: die Werbung soll eine
feststellbare Wirkung haben
14.038

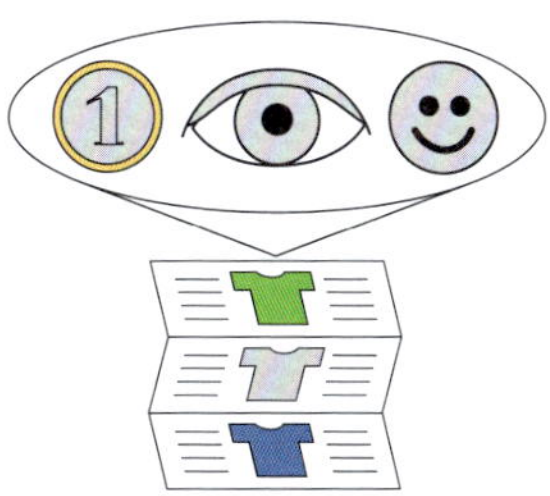

die Werbewirtschaftlichkeit
Wer·be·wirt·schaft·lich·keit *kein Plural*
die Werbung soll nicht
zu teuer sein und gut wirken
14.039

die **Werbekampagne**
Wer·be·kam·pag·ne <–n>
eine Aktion zu einer festgelegten Zeit mit dem Ziel, für ein Produkt oder eine **Dienstleistung** zu werben
14.040

die **Werbemaßnahme**
Wer·be·maß·nah·me <–n>
eine Tätigkeit, mit welcher der **Umsatz** erhöht werden soll
14.041

die **Werbeplanung**
Wer·be·pla·nung <–en>
die Planung, wofür welche Werbung gemacht werden soll
14.042

der Werbeträger
Wer·be·trä·ger <–>
ein Gegenstand, der zur Werbung für ein Produkt oder eine Leistung verwendet wird
auch Streumedium, Werbemittel
14.043

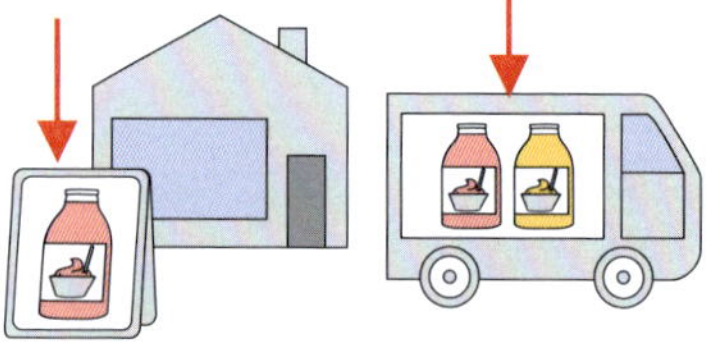

die **Außenwerbung**
Au·ßen·wer·bung <–en>
Werbung in der Öffentlichkeit, z. B. mit Plakaten
14.044

elektronische Werbung
elek·tro·ni·sche Wer·bung
Werbung im Internet, per E-Mail oder auf dem Handy
14.045

die **Printmedien**
Print·me·di·en *Plural*
auf Papier gedruckte Medien wie Bücher, Zeitungen, Zeitschriften, Plakate, Prospekte, Kataloge usw.
14.046

das Werbewirksamkeitsmodell
Wer·be·wirk·sam·keits·mo·dell <–e>
eine Methode, um festzustellen, ob und wie eine Werbung wirkt
14.047

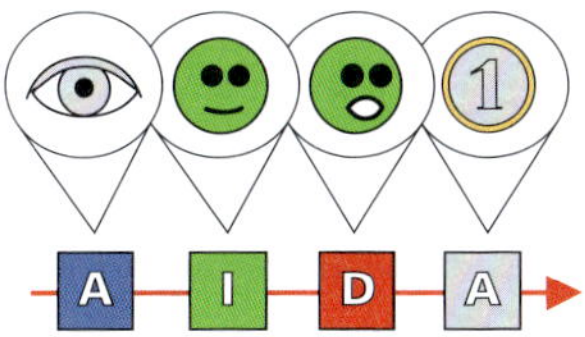

das **AIDA-Modell**
AIDA-Mo·dell *kein Plural*
lang Attention, Interest, Desire, Action
die Werbung soll auf ein Produkt aufmerksam machen, der Kunde soll sich für das Produkt interessieren, er soll sich wünschen, es zu besitzen und es kaufen
auch AIDA-Formel
14.048

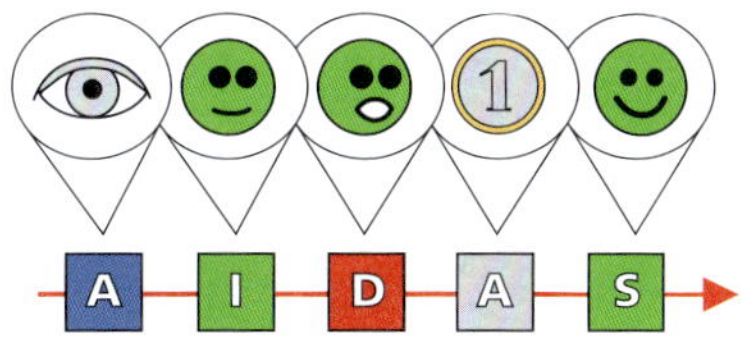

das **AIDAS-Modell**
AIDAS-Mo·dell *kein Plural*
lang Attention, Interest, Desire, Action, Satisfaction
ergänztes **AIDA-Modell**; der Kunde soll zufrieden sein, nachdem er das Produkt gekauft hat
auch AIDAS-Formel
14.049

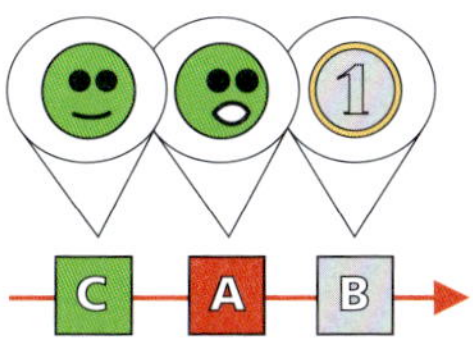

das **CAB-Modell**
CAB-Mo·dell *kein Plural*
lang Cognition, Affect, Behaviour
verkürzte Form der **AIDA-Formel**; der Kunde wird zum Produkt geleitet, will es haben und kauft es
14.050

Werbung

die **Direktwerbung**
Di·rekt·wer·bung <–en>
Werbung, die den Käufer individuell erreicht, meistens mit E-Mail oder Brief
14.051

die **Einführungswerbung**
Ein·füh·rungs·wer·bung <–en>
spezielle Werbung für ein neues Produkt
14.052

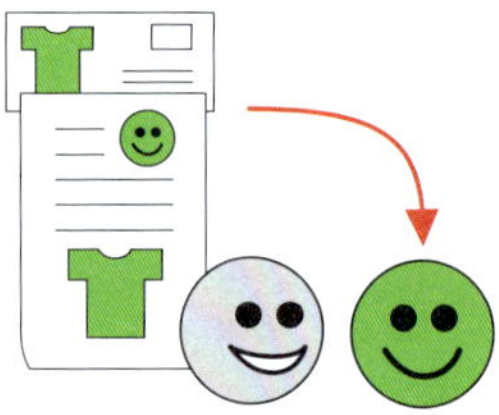

die **Einzelwerbung**
Ein·zel·wer·bung <–en>
Werbung, die an eine einzelne Person geht
auch Individualumwerbung
14.053

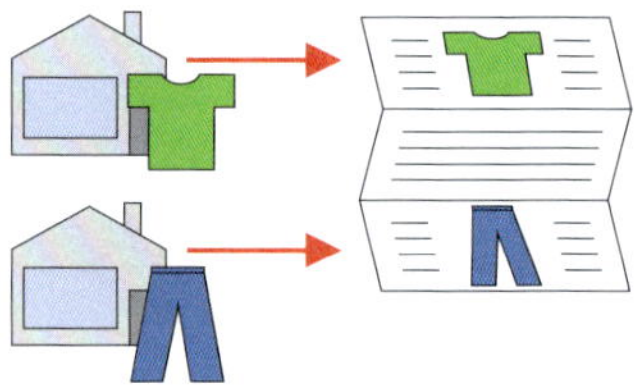

die **Gemeinschaftswerbung**
Ge·mein·schafts·wer·bung <–en>
gemeinsame Werbung von mehreren Firmen
14.054

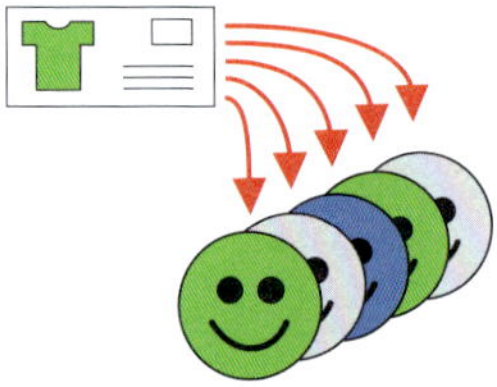

die **Massenwerbung**
Mas·sen·wer·bung <–en>
Werbung, die sehr viele Personen erreicht, z. B. **Postwurfsendungen**
14.055

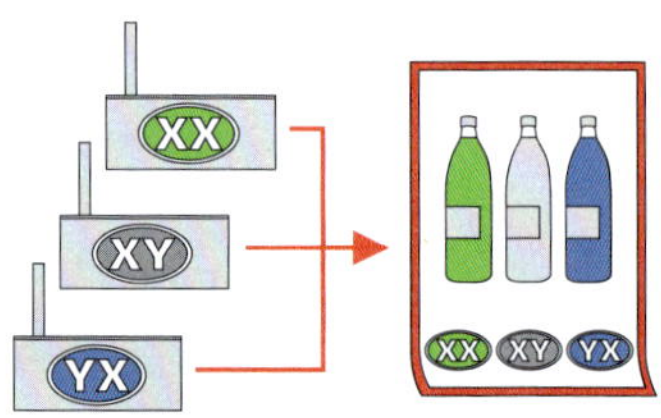

die **Sammelwerbung**
Sam·mel·wer·bung <–en>
eine Form von **Gemeinschaftswerbung**, bei der die beteiligten Firmen mit Namen genannt werden
auch Verbundwerbung
14.056

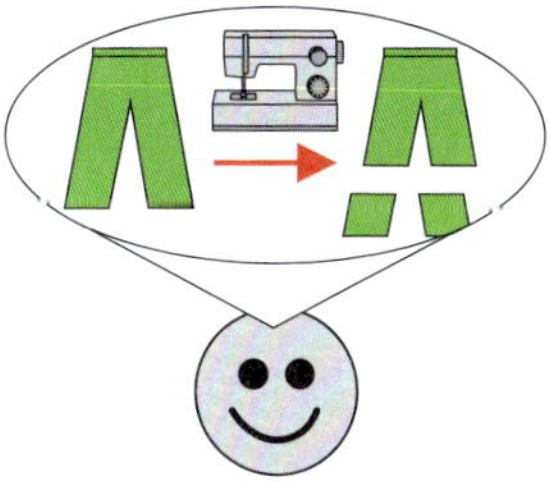

der **Änderungsservice**
Än·de·rungs·ser·vice <–s>
eine **Dienstleistung** vor allem bei Kleidung; ein fertiges Produkt wird für den Kunden geändert
15.001

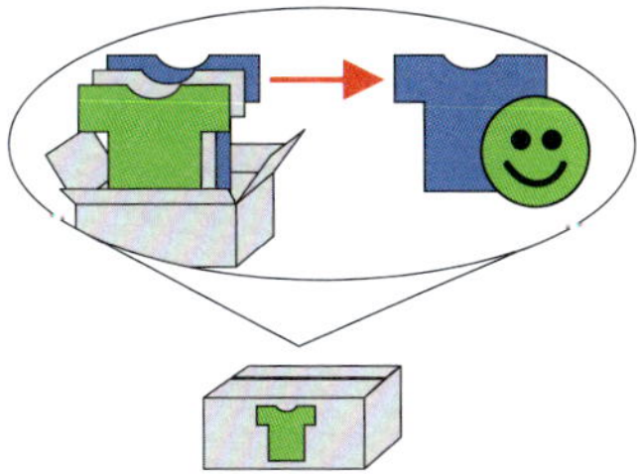

die **Auswahlsendung**
Aus·wahl·sen·dung <–en>
eine **Dienstleistung**; dem Kunden werden mehrere Produkte geschickt, damit er ein Produkt auswählen kann
15.002

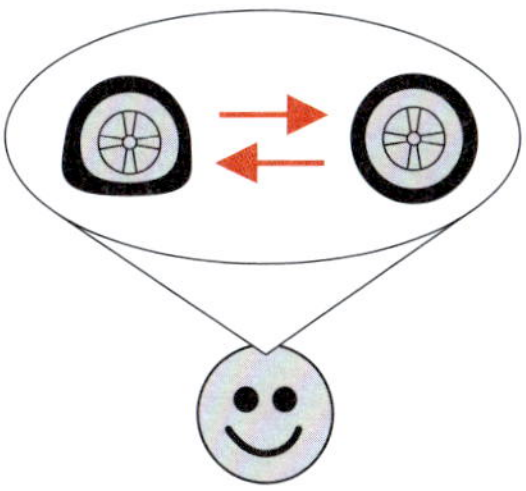

der **Ersatzteilservice**
Ersatz·teil·ser·vice <–s>
eine **Dienstleistung**; kaputte Produktteile werden gegen neue Teile getauscht
15.003

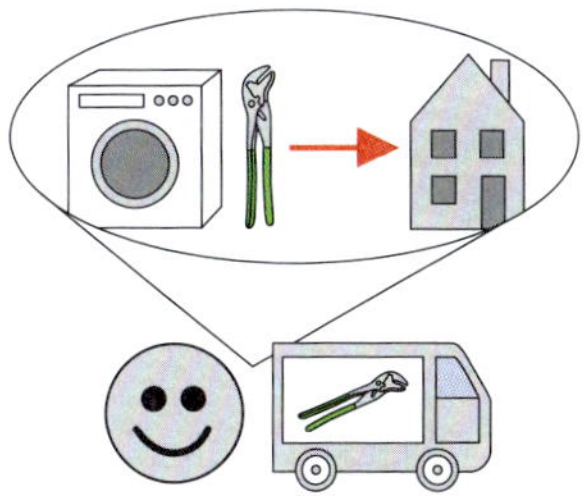

der **Installationsservice**
In·stal·la·ti·ons·ser·vice <–s>
eine **Dienstleistung**; Geräte werden beim Kunden aufgebaut und angeschlossen
15.004

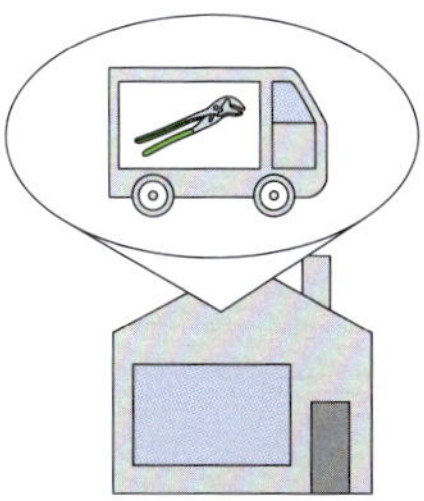

der **Kundendienst** 1
Kun·den·dienst <–e>
ein zusätzlicher Service des Händlers oder Herstellers
auch Kundenservice
15.005

der **Kundendienst** 2
Kun·den·dienst <–e>
die Abteilung einer Firma, die diesen Service durchführt
auch Kundenservice
15.005

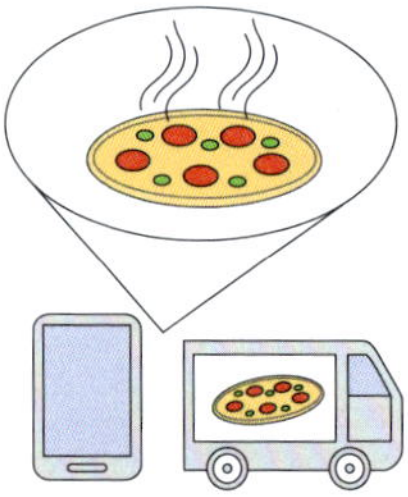

der **Lieferservice**
Lie·fer·ser·vice <–s>
eine **Dienstleistung** oder ein Unternehmen; Produkte werden zum Kunden nach Hause oder in seine Firma gebracht
auch Zustellservice
15.006

der **Partyservice**
Par·ty·ser·vice <–s>
eine **Dienstleistung** oder ein Unternehmen; fertige Speisen und Getränke für eine Feier werden geliefert
15.007

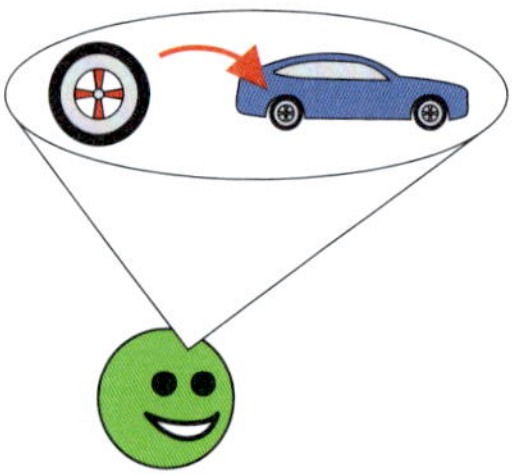

die **Sonderbestellung**
Son·der·be·stel·lung <–en>
der Kunde bestellt etwas, das speziell nach seinen Wünschen für ihn hergestellt wird
15.008

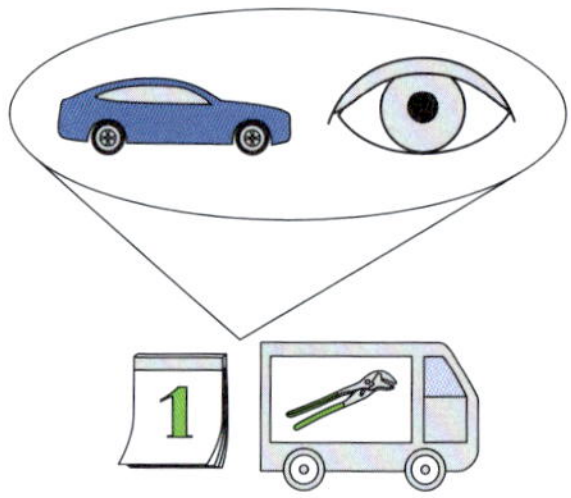

der **Wartungsdienst**
War·tungs·dienst <–e>
eine **Dienstleistung** oder ein Unternehmen; Geräte, die der Kunde gekauft hat, werden überprüft und gepflegt
15.009

das **Zurücklegen**
Zu·rück·le·gen
hier: eine Ware wird für eine bestimmte Zeit für den Kunden reserviert, ohne dass er zum Kauf verpflichtet wird
15.010

Ausbildung

die **Ausbildungsordnung**
Aus·bil·dungs·ord·nung <–en>
ein Teil des **Berufsbildungsgesetzes**, der die Bedingungen und Grundlagen der Ausbildung festlegt
16.001

die **Ausbildungspflicht**
Aus·bil·dungs·pflicht <–en>
die Pflicht des Unternehmers, Auszubildende praktisch auf ihre Abschlussprüfung vorzubereiten
16.002

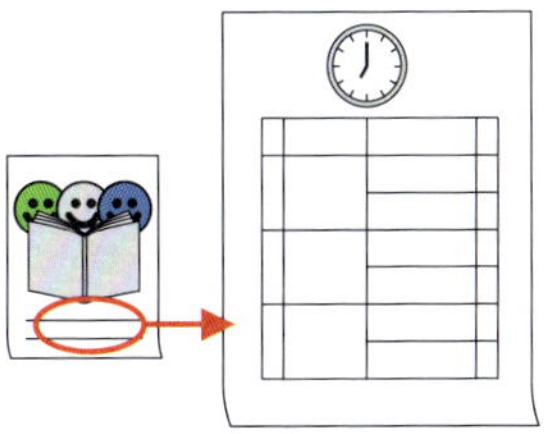

der **Ausbildungsrahmenplan**
Aus·bil·dungs·rah·men·plan
<Ausbildungsrahmenpläne>
ein Teil der **Ausbildungsordnung**; er bestimmt den Inhalt und Zeitplan der Ausbildung
16.003

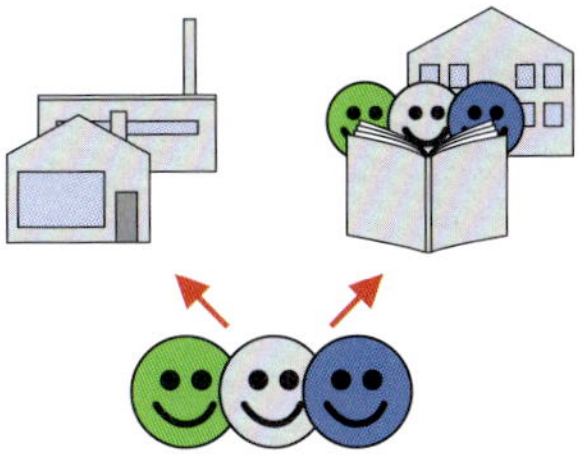

duales Ausbildungssystem
du·a·les Aus·bil·dungs·sys·tem
die Ausbildung findet im Betrieb und in der Berufsschule statt
16.004

die **Freistellungspflicht**
Frei·stel·lungs·pflicht <–en>
Arbeitgeber müssen ihren Auszubildenden erlauben, während der Arbeitszeit an Unterricht und Prüfungen teilzunehmen
16.005

die **Anfechtung**

An·fech·tung <–en>

ein spezielles Verfahren, durch das ein Handel oder Vertrag für nicht gültig erklärt wird

16.006

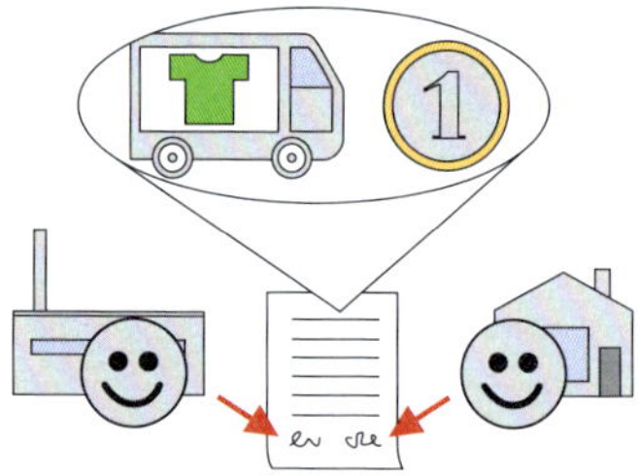

der **Beschaffungsvertrag**

Be·schaf·fungs·ver·trag <Beschaffungsverträge>

ein schriftlicher Vertrag zwischen einem Hersteller und dem Händler oder **Endverbraucher** mit Informationen zu Lieferung, Preis und Zahlung

16.007

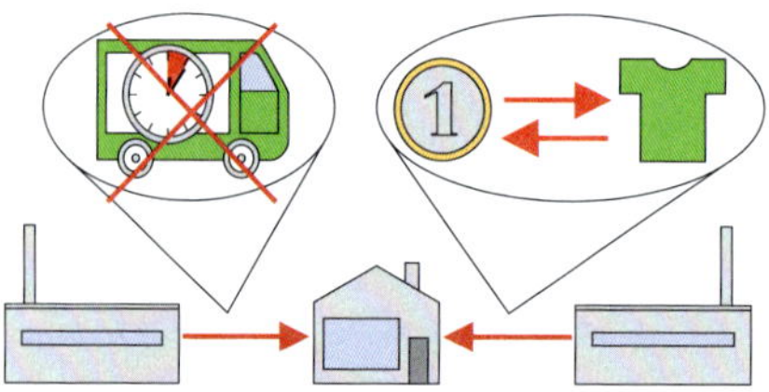

der **Deckungskauf**

De·ckungs·kauf <Deckungskäufe>

der Kauf bei einem anderen Anbieter, wenn ein bestelltes und dringend benötigtes Produkt nicht rechtzeitig geliefert werden kann

16.008

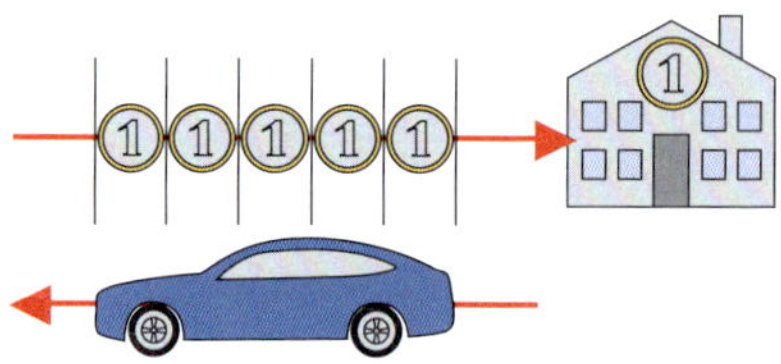

der **Finanzkauf**

Fi·nanz·kauf <Finanzkäufe>

ein Kauf mit **Ratenzahlungen** an die Bank des Händlers

16.009

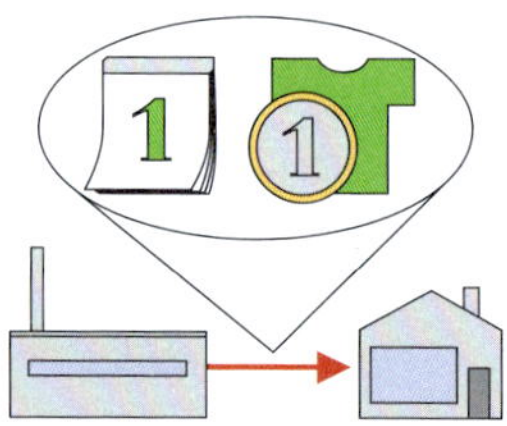

freibleibendes Angebot

frei·blei·ben·des An·ge·bot

ein Angebot, das zu jeder Zeit geändert werden kann

auch unverbindliches Angebot

16.010

die **Geschäftsfähigkeit**

Ge·schäfts·fä·hig·keit <–en>
die Voraussetzung (Alter und Gesundheit) und das Recht, einen Kauf oder einen Vertrag selbstständig zu erledigen
16.011

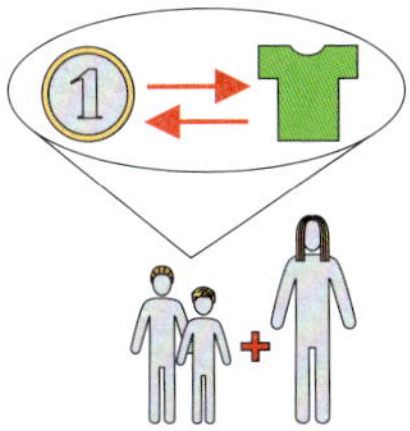

beschränkte Geschäftsfähigkeit

be·schränk·te Ge·schäfts·fä·hig·keit
hier: die Möglichkeit, im Alter zwischen 7 und 18 Jahren oder wegen reduzierter Gesundheit bestimmte Dinge nur mit Erlaubnis der Eltern oder einer Person mit **Vollmacht** zu kaufen
16.012

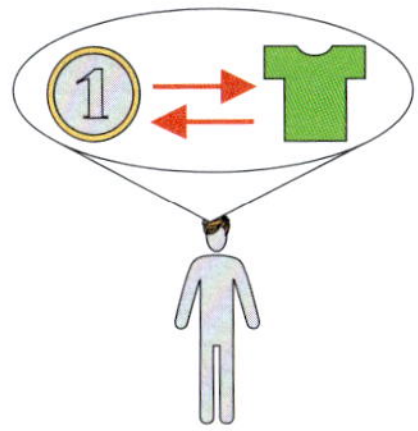

unbeschränkte Geschäftsfähigkeit

un·be·schränk·te Ge·schäfts·fä·hig·keit
das Recht, nach dem 18. Geburtstag über alle Käufe und Verträge selbstständig zu entscheiden
16.013

Gesetze

das Arbeitsschutzgesetz

Ar·beits·schutz·ge·setz <–e>
kurz ArbSchG
dieses Gesetz regelt Sicherheit und Gesundheit am Arbeitsplatz
16.014

das Berufsbildungsgesetz

Be·rufs·bil·dungs·ge·setz <–e> *kurz* BBiG
dieses Gesetz regelt Ausbildung, Fortbildung und Angebote (Maßnahmen) zur Vorbereitung auf eine Ausbildung
16.015

das Jugendarbeitsschutzgesetz

Ju·gend·ar·beits·schutz·ge·setz <–e>
kurz JArbSchG
dieses Gesetz schützt junge Menschen unter 18 Jahren vor gefährlicher und zu viel Arbeit
16.016

das Jugendschutzgesetz

Ju·gend·schutz·ge·setz <–e>
kurz JuSchG
dieses Gesetz dient dem Schutz der Jugend in der Öffentlichkeit; es regelt z. B. Verkauf und Konsum von Alkohol und Zigaretten
16.017

das Ladenschlussgesetz
La·den·schluss·ge·setz <–e>
kurz LadSchlG
dieses Gesetz regelt die Zeiten, zu denen ein Geschäft geschlossen sein muss
16.018

das Mutterschutzgesetz
Mut·ter·schutz·ge·setz <–e>
kurz MuSchG
dieses Gesetz schützt Mütter und Kinder während der Schwangerschaft und in der ersten Zeit nach der Geburt
16.019

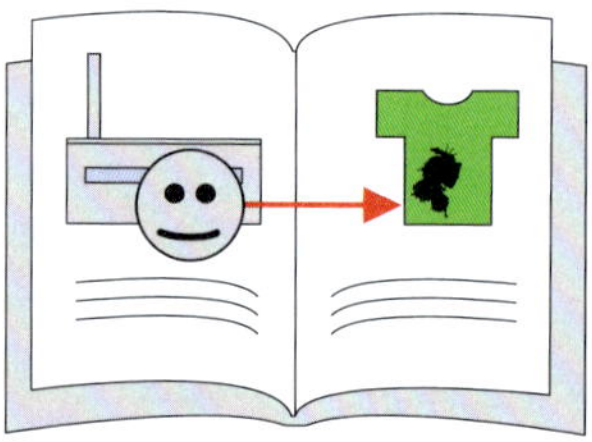

das Produkthaftungsgesetz
Pro·dukt·haf·tungs·ge·setz <–e>
kurz ProdHaftG
dieses Gesetz regelt die Verantwortung des Herstellers für Fehler an seinen Produkten
16.020

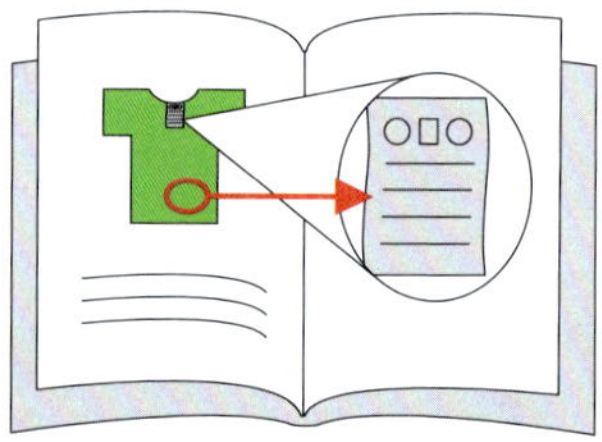

das Textilkennzeichnungsgesetz
Tex·til·kenn·zeich·nungs·ge·setz <–e>
kurz TextilKennzG
dieses Gesetz regelt, wie die Materialien, aus denen ein Stoff besteht, auf dem **Etikett** genannt werden müssen
16.021

das Verbraucherschutzdurchsetzungsgesetz
Ver·brau·cher·schutz·durch·set·zungs·ge·setz
kein Plural; kurz VSchDG
dieses Gesetz regelt die Zusammenarbeit zwischen verschiedenen Behörden und dient dem Schutz der Kunden vor Mängeln an Produkten
16.022

der **Gewährleistungsanspruch**

Ge·währ·leis·tungs·an·spruch <Gewährleistungsansprüche>
der Anspruch des Käufers darauf, dass Hersteller oder Händler die Verantwortung für Fehler oder Mängel an der Ware übernehmen
16.023

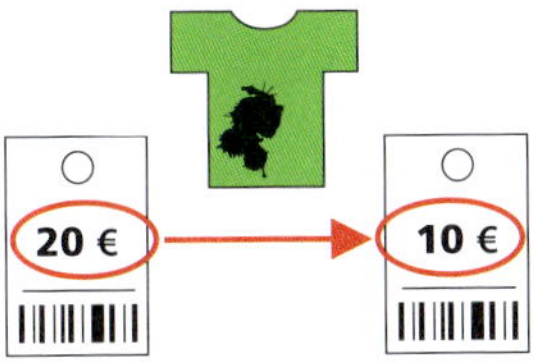

die Minderung

Min·de·rung <–en>
die Reduzierung des Kaufpreises bei einem **Sachmangel**
16.024

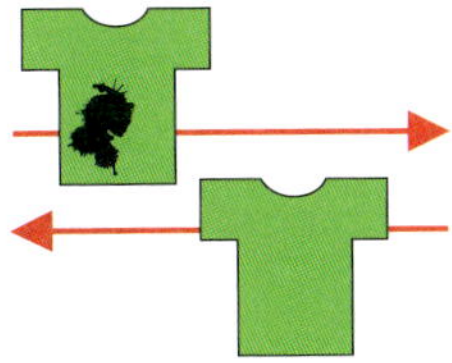

die Nachbesserung

Nach·bes·se·rung <–en>
die Reparatur oder der Umtausch einer Ware mit Fehlern oder Schäden
16.025

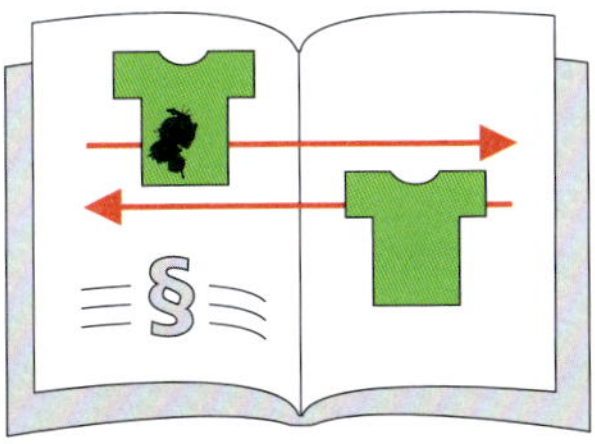

die Nacherfüllung

Nach·er·fül·lung <–en>
das Recht des Käufers auf **Nachbesserung** oder **Neulieferung**
16.026

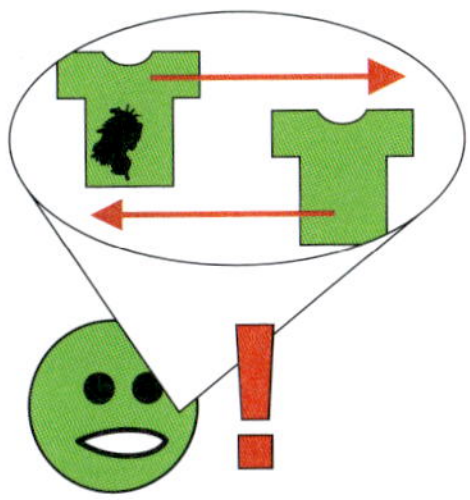

die Neulieferung

Neu·lie·fe·rung <–en>
der Käufer kann statt eines Produkts mit Fehlern eines ohne Fehler verlangen
16.027

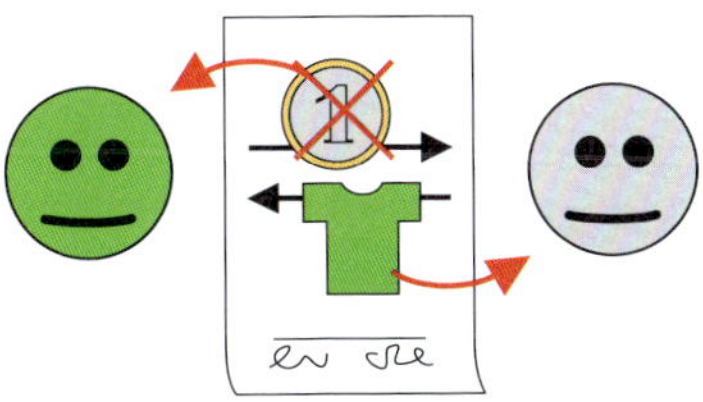

der Rücktritt

Rück·tritt <–e>
hier: ein Partner erfüllt den Vertrag nicht; beide erhalten ihre Leistungen zurück
16.028

vergebliche Aufwendungen

ver·geb·li·che Auf·wen·dun·gen
Geld, das der Käufer unnötig zahlt, z. B. Gebühren für einen Kredit, der nicht gebraucht wird, weil das Produkt nicht lieferbar ist
16.029

Handel

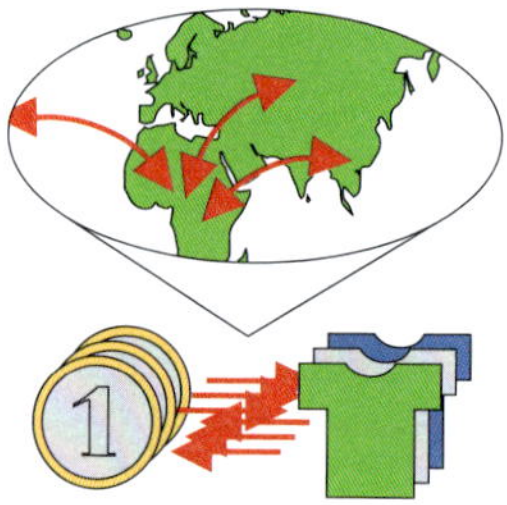

der **Außenhandel**
Au·ßen·han·del *kein Plural*
der Handel mit anderen Ländern
16.030

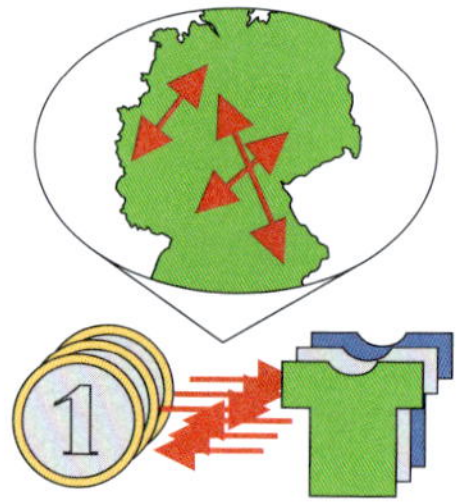

der **Binnenhandel**
Bin·nen·han·del *kein Plural*
der Handel innerhalb der Grenzen eines Landes
16.031

der **Erfüllungsort**
Er·fül·lungs·ort <–e>
der Ort, der vom Gesetz und durch Vertrag für das Erfüllen der Bedingungen festgelegt wird
16.032

das **Handelsregister**
Han·dels·re·gis·ter <–>
hier: eine offizielle Liste mit Informationen über die Personen, die als **Kaufleute** in einem bestimmten Gebiet gemeldet sind
16.033

der **Kaufmann**
Kauf·mann <Kaufleute/Kaufmänner>
die **Kauffrau**
Kauf·frau <-en>
eine Person, die Waren und Produkte einkauft, um sie mit Gewinn wieder zu verkaufen
16.034

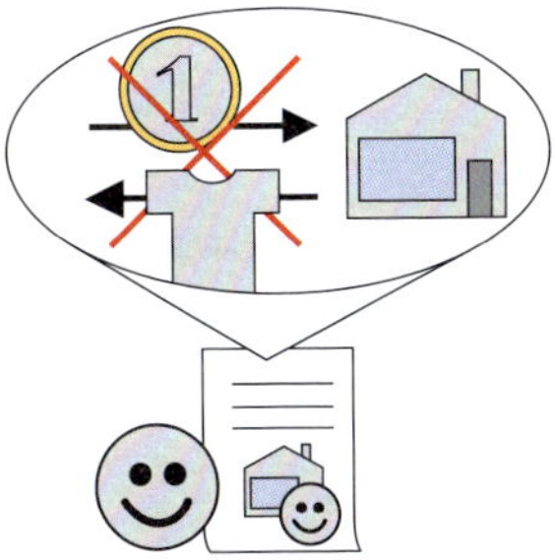

der Fiktivkaufmann
Fik·tiv·kauf·mann <Fiktivkaufleute>
eine Person, deren Firma im **Handelsregister** steht, obwohl sie keinen Handel treibt
16.035

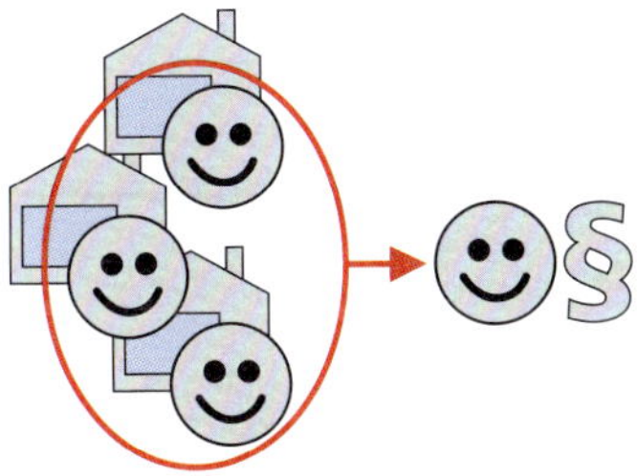

der Formkaufmann
Form·kauf·mann <Formkaufleute>
mehrere **Kaufleute** bilden eine Gruppe (Handelsgesellschaft) und werden vom Gesetz wie eine einzelne Person behandelt
16.036

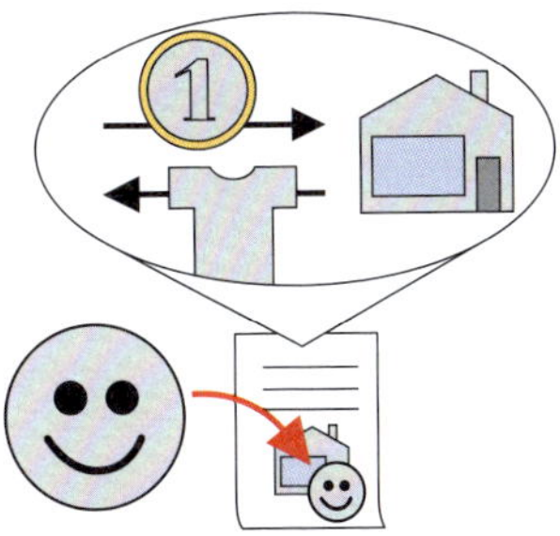

der Kannkaufmann
Kann·kauf·mann <Kannkaufleute>
jemand, der erst durch das Eintragen in das **Handelsregister** das Recht bekommt, sich **Kaufmann** zu nennen
16.037

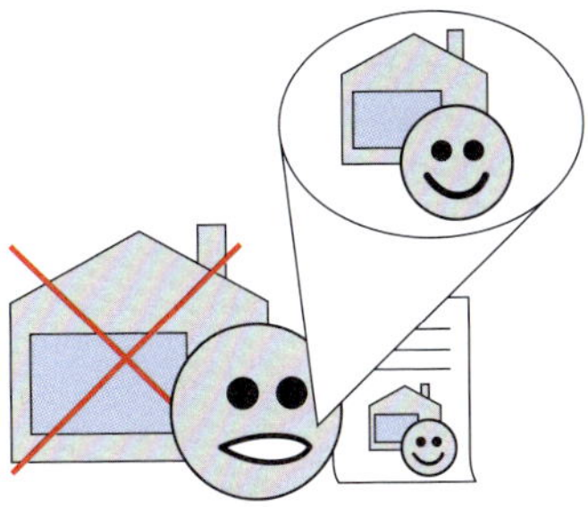

der Scheinkaufmann
Schein·kauf·mann <Scheinkaufleute>
jemand, der im **Handelsregister** steht und behauptet, ein **Kaufmann** zu sein, obwohl er kein **Kaufmann** ist
16.038

der **Kaufvertrag**

Kauf·ver·trag <Kaufverträge>
ein Vertrag, der die Bedingungen für einen Kauf regelt, z. B. den Preis oder den Termin für Lieferung und Zahlung
16.039

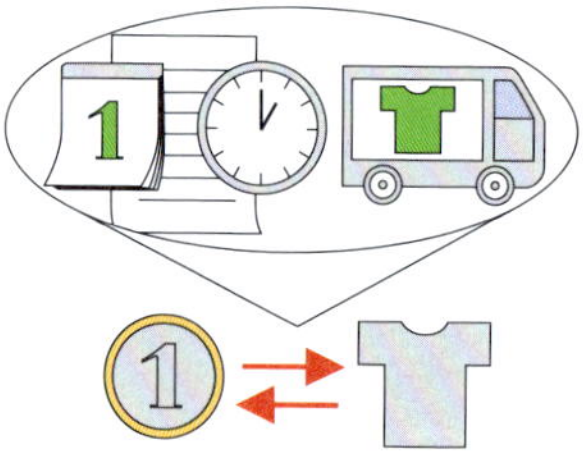

der Fixkauf

Fix·kauf <Fixkäufe>
bei diesem Kauf steht im Vertrag nicht nur der Tag, sondern oft auch eine Uhrzeit zum Liefern oder Abholen der Ware
16.040

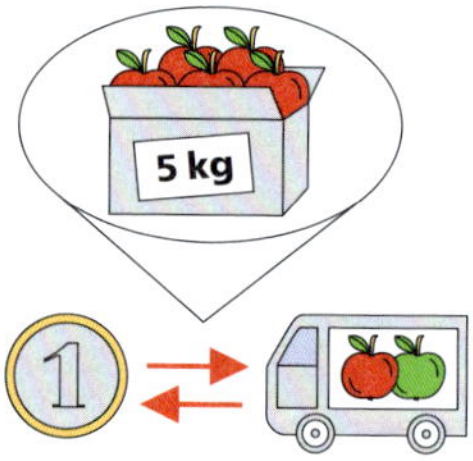

der Gattungskauf

Gat·tungs·kauf <Gattungskäufe>
ein Kauf, bei dem der Händler kein bestimmtes Produkt liefern muss; festgelegt sind nur Art, Menge und Qualität, z. B. bei Obst, Getreide, Zeitungen
16.041

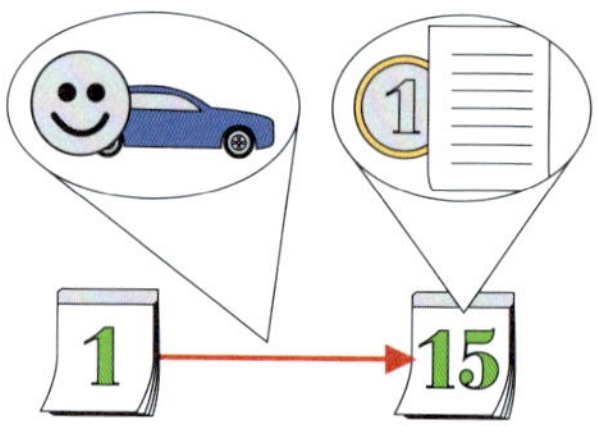

der Kauf auf Probe

Kauf auf Pro·be
der Kunde darf die Ware in einer bestimmten Zeit kostenlos testen; wenn er sie nicht zurückgibt, wird der **Kaufvertrag** gültig
16.042

der Konsumkreditvertrag

Kon·sum·kre·dit·ver·trag <Konsumkreditverträge>
ein Vertrag über einen Kredit, den man mit einer Bank schließt, um etwas Teures kaufen zu können
16.043

die Konventionalstrafe

Kon·ven·ti·o·nal·stra·fe <–n>
eine Strafe, z. B. Geld oder eine Leistung, die fällig wird, wenn ein Partner den Vertrag nicht erfüllt
16.044

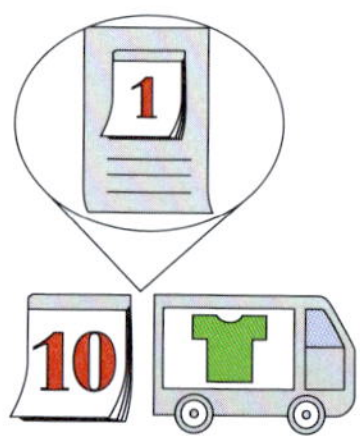

der Lieferungsverzug

Lie·fe·rungs·ver·zug <Lieferungsverzüge>
eine Verspätung, die Ware wird nicht zum festgelegten Termin geliefert
auch Lieferverzug
16.045

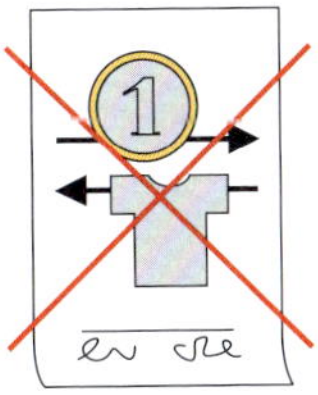

die **Nichtigkeit**
Nich·tig·keit <–en>
hier: die Tatsache, dass ein Handel oder ein Vertrag nicht gültig (nichtig) ist
▶ 16.046

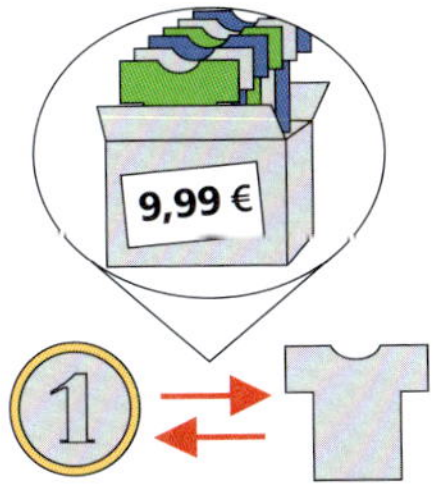

der **Ramschkauf**
Ramsch·kauf <Ramschkäufe>
der Kauf von Waren zu einem festen Preis, ohne dass Menge und Qualität festgelegt werden
▶ 16.047

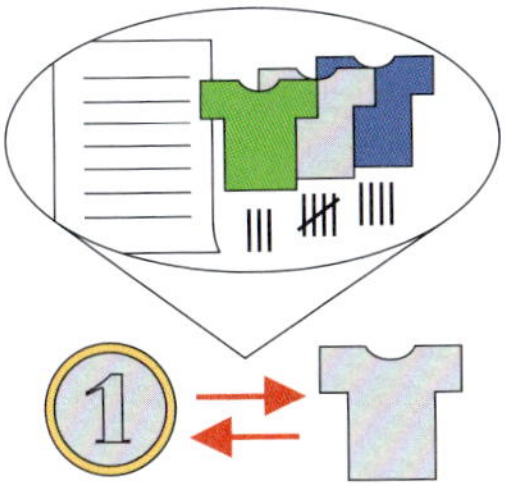

der **Spezifikationskauf**
Spe·zi·fi·ka·ti·ons·kauf <Spezifikationskäufe>
ein Kauf, bei dem im Vertrag Art und Menge der Ware geregelt sind
auch Bestimmungskauf
▶ 16.048

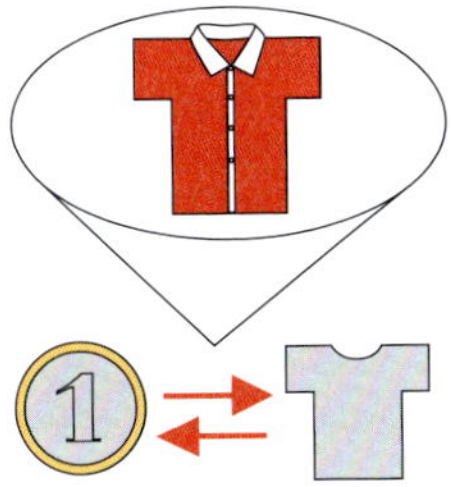

der **Stückkauf**
Stück·kauf <Stückkäufe>
der Kauf einer einzelnen, bestimmten Sache oder eines besonderen Gegenstandes, z. B. ein Kleidungsstück (Modell), das es nur einmal gibt
▶ 16.049

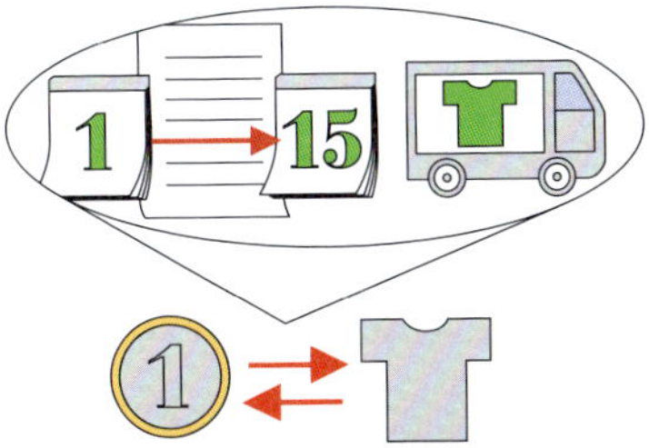

der **Terminkauf**
Ter·min·kauf <Terminkäufe>
ein Kauf, bei dem die Ware zu einem bestimmten Termin geliefert werden oder zum Abholen bereit sein muss
▶ 16.050

die **Rechtsfähigkeit**

Rechts·fä·hig·keit *kein Plural*

die Fähigkeit von **natürlichen** und **juristischen Personen**, Rechte und Pflichten zu haben

16.051

juristische Person des öffentlichen Rechts

ju·ris·ti·sche Per·son des öf·fent·li·chen Rechts

eine Gemeinschaft von vielen Menschen (z. B. ein Staat, eine Stadt oder ein Dorf), die wie Personen Rechte und Pflichten hat

16.052

juristische Person des Privatrechts

ju·ris·ti·sche Per·son des Pri·vat·rechts

eine Gruppe von mehreren Leuten, die privat eine Gemeinschaft mit Rechten und Pflichten bilden, z. B. ein Verein

16.053

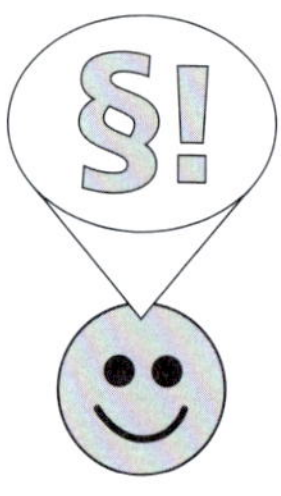

natürliche Person

na·tür·li·che Per·son

der einzelne Mensch mit allen Rechten und Pflichten, die er privat und in der Gesellschaft hat

16.054

das **Rechtsgeschäft**

Rechts·ge·schäft <–e>
ein Vorgang, bei dem eine oder mehrere **Willenserklärungen** rechtliche Folgen haben, z. B. der Abschluss eines Vertrages
16.055

der Eigentumsvorbehalt

Ei·gen·tums·vor·be·halt <–e>
die Regel, dass eine gekaufte Ware bis zur kompletten Bezahlung dem Verkäufer gehört
16.056

das Erfüllungsgeschäft

Er·fül·lungs·ge·schäft <–e>
ein **Rechtsgeschäft**, mit dem der Anspruch einer Person an eine andere Person erfüllt werden soll, z. B. das Zurückgeben eines geliehenen Gegenstandes
16.057

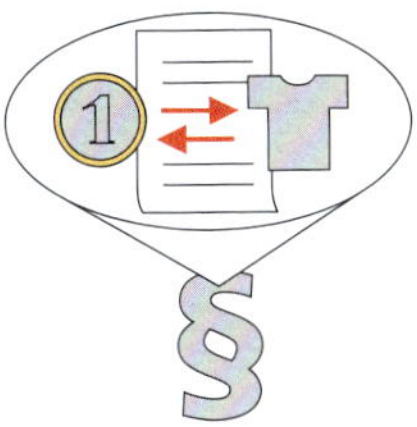

das Verpflichtungsgeschäft

Ver·pflich·tungs·ge·schäft <–e>
ein **Rechtsgeschäft**, das die Beteiligten zu einer Handlung verpflichtet, z. B. ein **Kaufvertrag**
16.058

die Willenserklärung

Wil·lens·er·klä·rung <–en>
eine rechtlich wirksame Erklärung, mit der man sagt, was man tun oder erreichen will, z. B. eine Kündigung
16.059

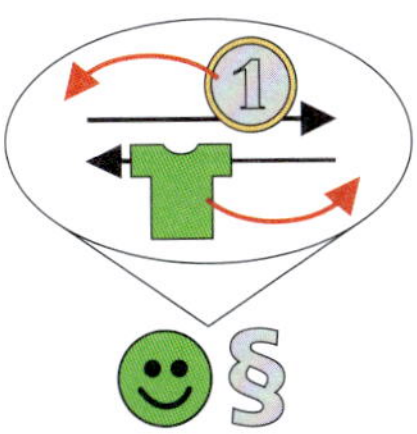

das Rückgaberecht

Rück·ga·be·recht <–e>
das Recht des Kunden, eine gekaufte Ware zurückzugeben
16.060

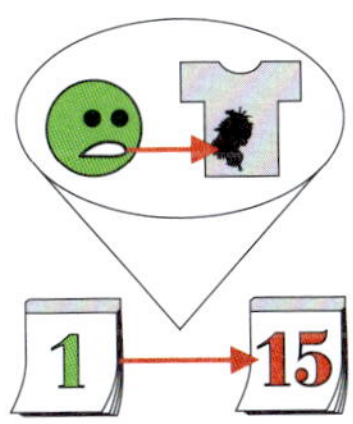

die Rügefrist

Rü·ge·frist <–en>
die Frist, die der Kunde hat, um sich über einen Mangel zu beschweren
16.061

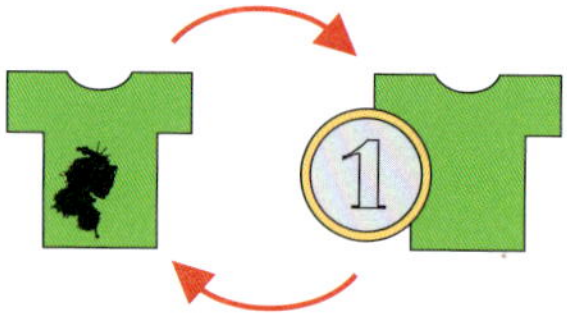

der **Schadensersatz**
Scha·dens·er·satz *kein Plural*
hier: Geld oder eine Leistung als Ersatz für eine Ware oder Dienstleistung mit Mängeln
auch Schadenersatz
16.062

die **Sorgfaltspflicht**
Sorg·falts·pflicht <–en>
die Forderung, sich so zu verhalten, dass andere Menschen nicht in Gefahr gebracht werden
16.063

die **Stillschweigepflicht**
Still·schwei·ge·pflicht <–en>
eine Regel, nach der man Betriebsgeheimnisse niemandem mitteilen darf
auch Verschwiegenheitspflicht
16.064

der **Tarifvertrag**
Ta·rif·ver·trag <Tarifverträge>
kurz Tar.-Vertr., TV
ein Vertrag zwischen Arbeitgeber(n) und einer Gewerkschaft, der Löhne, Gehälter und Bedingungen regelt
16.065

unlauterer Wettbewerb
un·lau·te·rer Wett·be·werb
das Verhalten von Unternehmen, die das Gesetz brechen und die Konkurrenz z. B. in der Werbung schlecht darstellen
16.066

der **Unternehmenszusammenschluss**

Un·ter·neh·mens·zu·sam·men·schluss
<Unternehmenszusammenschlüsse>
durch einen Vertrag geregelte Zusammenarbeit zwischen Unternehmen
auch Unternehmensverbindung
16.067

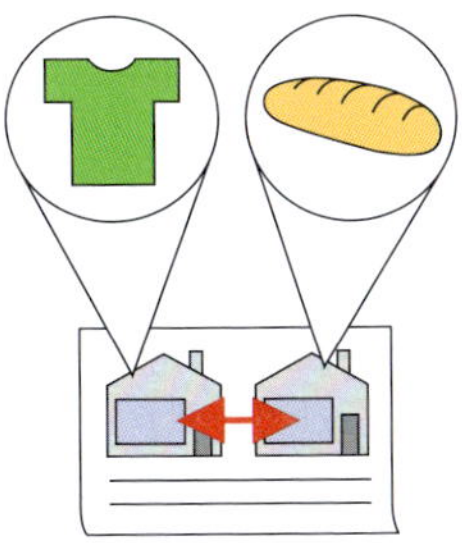

diagonaler Unternehmenszusammenschluss

dia·go·na·ler
Un·ter·neh·mens·zu·sam·men·schluss
die durch einen Vertrag geregelte Zusammenarbeit zwischen Unternehmen, die unterschiedliche Waren produzieren und/oder verkaufen
16.068

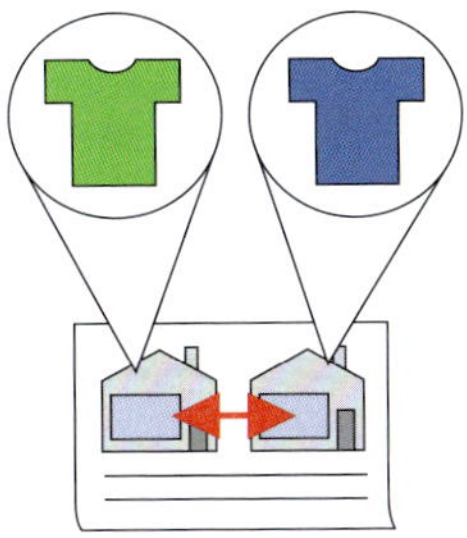

horizontaler Unternehmenszusammenschluss

ho·ri·zon·ta·ler
Un·ter·neh·mens·zu·sam·men·schluss
die durch einen Vertrag geregelte Zusammenarbeit zwischen Unternehmen, die gleiche Waren produzieren und/oder verkaufen
16.069

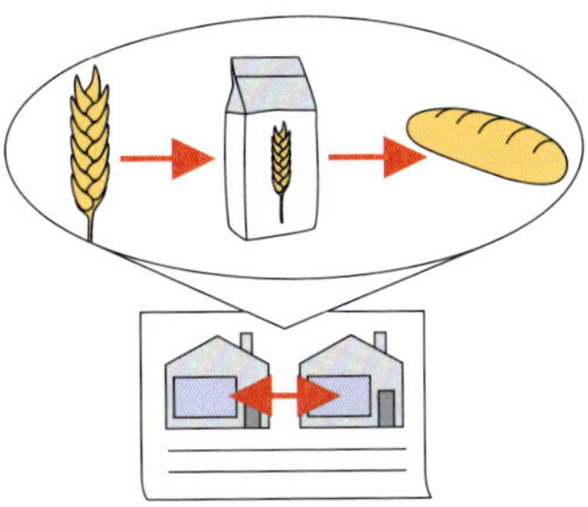

vertikaler Unternehmenszusammenschluss

ver·ti·ka·ler
Un·ter·neh·mens·zu·sam·men·schluss
die durch einen Vertrag geregelte Zusammenarbeit zwischen Unternehmen, deren Produktion oder Handel nacheinander stattfindet
16.070

die **Verordnung**
Ver·ord·nung <–en> *lang* Rechtsverordnung
eine Vorschrift, die von der Regierung oder der öffentlichen Verwaltung festgelegt wird
16.071

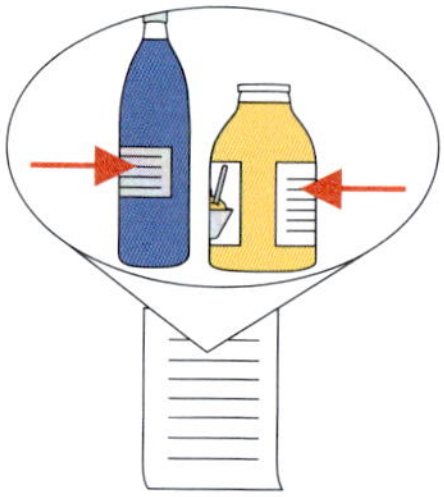

die Lebensmittel-Kennzeichnungsverordnung
Le·bens·mit·tel-Kenn·zeich·nungs·ver·ord·nung <–en> *kurz* LMKV
eine Vorschrift, die bis Juli 2017 mit bestimmt hat, was auf den Verpackungen von Lebensmitteln stehen muss; sie wurde durch die Lebensmittel-Informationsverordnung ersetzt
16.072

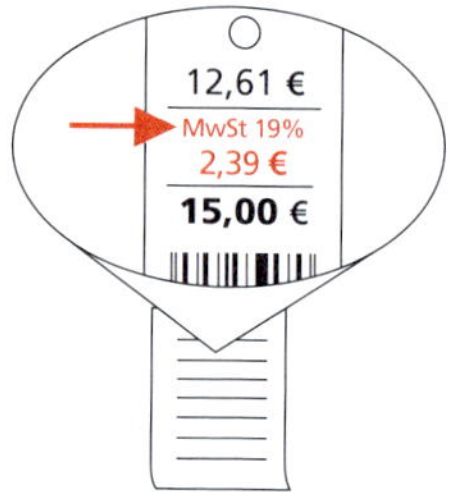

die Preisangabenverordnung
Preis·an·ga·ben·ver·ord·nung <–en>
eine Vorschrift über die Darstellung der Preise von Waren oder Dienstleistungen, die z. B. festlegt, dass die **Umsatzsteuer** enthalten sein muss
16.073

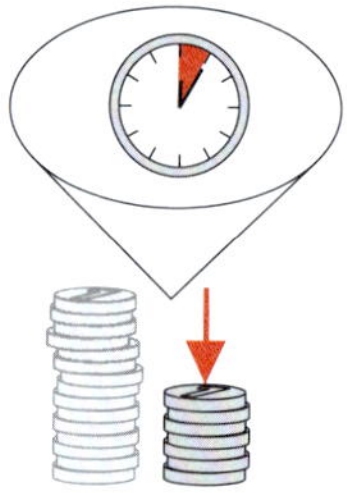

der Verzugsschaden
Ver·zugs·scha·den <Verzugsschäden>
ein Schaden, der durch eine verspätete Leistung entsteht
auch Verspätungsschaden
16.074

die **Vollmacht**
Voll·macht <–en>
eine schriftliche Erklärung, mit der eine Person den Auftrag und das Recht bekommt, eine Person oder Firma zu vertreten
16.075

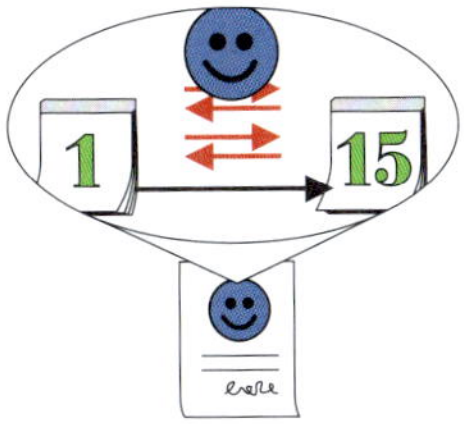

allgemeine Vollmacht
all·ge·mei·ne Voll·macht
eine **Vollmacht** für alle wichtigen Angelegenheiten, die in einem Zeitraum geregelt werden müssen, z. B. während man im Urlaub oder im Krankenhaus ist
16.076

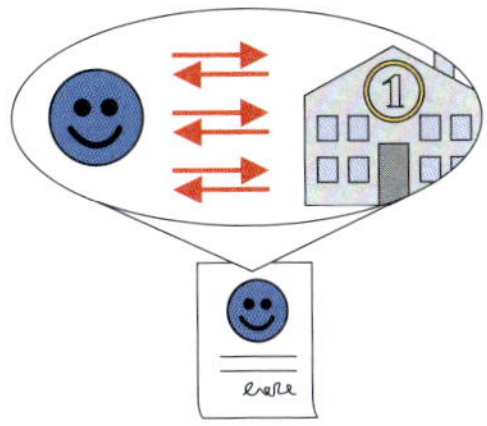

die Artvollmacht
Art·voll·macht <–en>
eine **Vollmacht** für eine bestimmte Art von Geschäften, die sich wiederholen, z. B. Bankgeschäfte
auch Gattungsvollmacht, Teilvollmacht
16.077

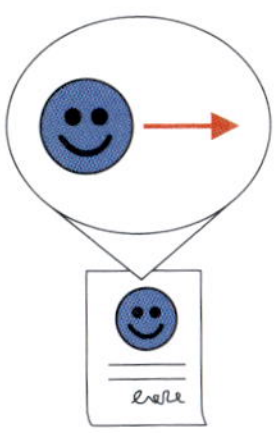

die Einzelvollmacht
Ein·zel·voll·macht <–en>
eine **Vollmacht** für eine einmalige Handlung, z. B. für das Abholen eines Pakets bei der Post
16.078

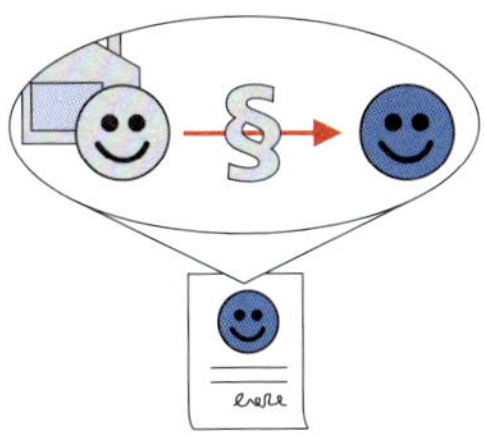

die Prokura
Pro·ku·ra <Prokuren>
eine **Vollmacht** des Arbeitgebers oder Unternehmers, mit der ein Angestellter alle **Rechtsgeschäfte** für den Betrieb erledigen darf
16.079

das Weisungsrecht
Wei·sungs·recht <–e>
das Recht des Arbeitgebers, den Arbeitnehmern Vorschriften zu machen
16.080

das Widerspruchsrecht
Wi·der·spruchs·recht <–e>
das Recht, eine Vereinbarung oder einen Vertrag innerhalb einer bestimmten Frist als nicht gültig zu erklären
16.081

die **Abfallentsorgung**
Ab·fall·ent·sor·gung <–en>
alle Verfahren und Tätigkeiten, mit denen Abfall entsorgt wird
auch Abfallbeseitigung, Müllentsorgung, Müllbeseitigung
17.001

das **Abfallgesetz**
Ab·fall·ge·setz <–e>
das Gesetz regelt, wie Menschen Abfall vermeiden und mit Müll umgehen sollen
17.002

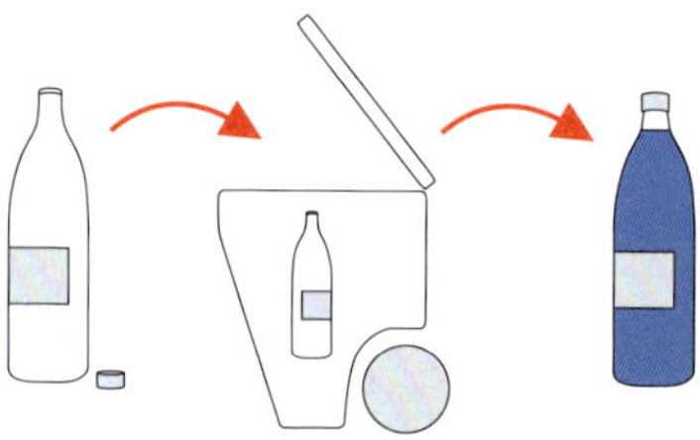

duales System
du·a·les Sys·tem
ein Abfallsystem, bei dem Müll so entsorgt wird, dass einzelne Stoffe wiederverwendet werden
17.003

die **Energiesparmaßnahme**
Ener·gie·spar·maß·nah·me <–n>
etwas, das Menschen tun können, um möglichst wenig Energie zu verbrauchen
17.004

die **Gesundheitsverträglichkeit**
Ge·sund·heits·ver·träg·lich·keit <–en>
der Hinweis, ob ein Produkt für die Gesundheit von Menschen und Tieren schädlich ist oder nicht
17.005

das **Großgebinde**
Groß·ge·bin·de <–>
eine größere Menge einer oder mehrerer Waren, die als Ganzes verkauft, transportiert oder gelagert wird
17.006

das **Gruppenmerkblatt**

Grup·pen·merk·blatt <Gruppenmerkblätter>

hier: die gesammelten Informationen über Herstellung, Kauf und Verkauf von Mitteln zur Körper- und Schönheitspflege

17.007

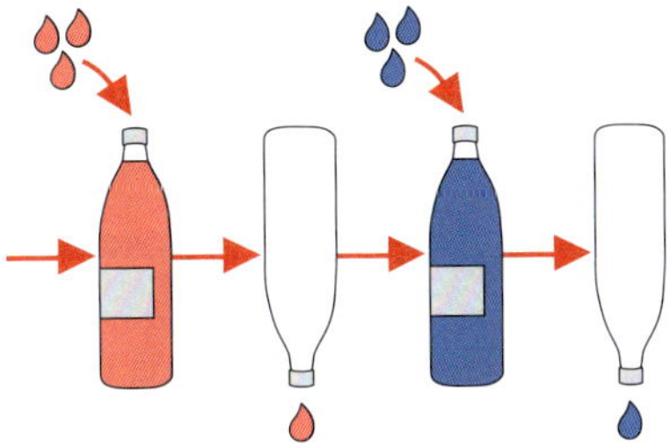

das **Mehrwegsystem**

Mehr·weg·sys·tem <–e>

das Verwenden von Flaschen aus Glas oder Plastik als Verpackung, die man zum Händler zurückbringt; die Flaschen können mehrere Male gereinigt und weiter verwendet werden

17.008

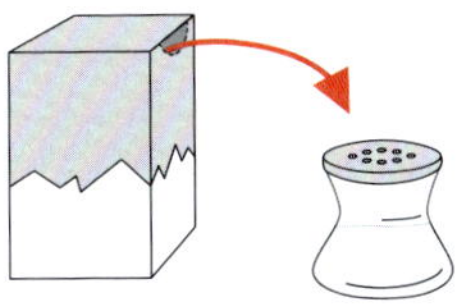

die **Nachfüllpackung**

Nach·füll·pa·ckung <–en>

ein Produkt in einfacher Verpackung, das zu Hause in eine festere Verpackung von besserer Qualität gefüllt wird

17.009

die **Nachhaltigkeit**

Nach·hal·tig·keit *kein Plural*

1. eine Wirkung, die relativ lange bleibt
2. das Prinzip, nicht mehr von einer Sache zu verbrauchen, als nachwachsen oder zukünftig bereit gestellt werden kann

17.010

natürlich abbaubar

na·tür·lich ab·bau·bar

so ist ein Mittel, dessen Reste für die Umwelt nicht schädlich sind

17.011

die **Präventivmaßnahme**

Prä·ven·tiv·maß·nah·me <–n>

hier: das, was ein Mensch im Voraus tun kann, um sich vor Gefahren zu schützen

17.012

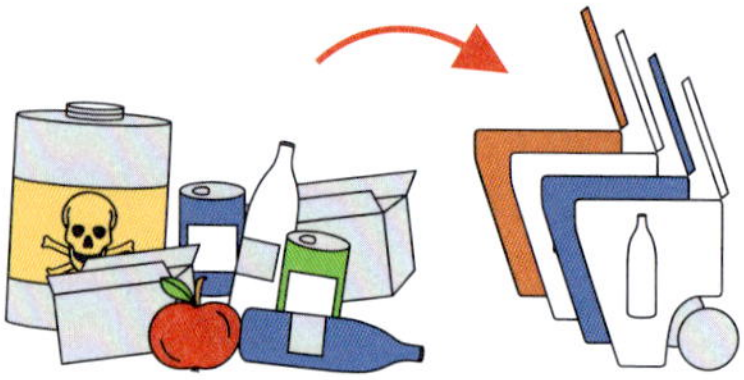

umweltgerechte Entsorgung
um·welt·ge·rech·te Ent·sor·gung
die **Abfallentsorgung**,
ohne der Umwelt zu schaden
17.013

die Umweltverträglichkeit
Um·welt·ver·träg·lich·keit <–en>
der Hinweis, ob ein Produkt für
die Umwelt schädlich ist oder nicht
17.014

die Verpackungsverordnung

Ver·pa·ckungs·ver·ord·nung <–en>
kurz VerpackV
eine Vorschrift, wie Produkte verpackt werden müssen,
damit die Umwelt geschützt wird
17.015

ökologische Verpackung
öko·lo·gi·sche Ver·pa·ckung
eine Verpackung, die der Umwelt nicht schadet
und teilweise wiederverwendet werden kann
17.016

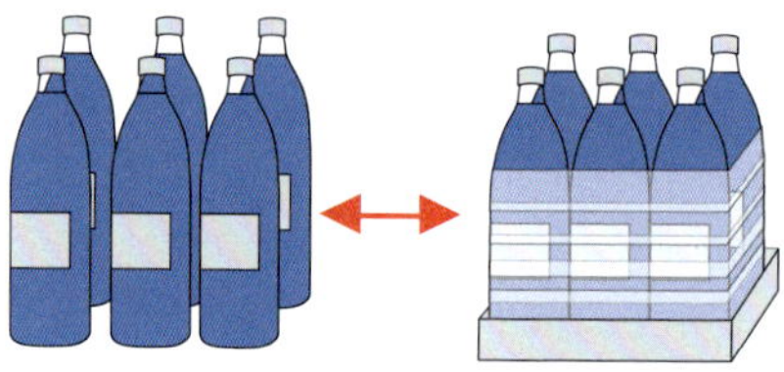

ökonomische Verpackung
öko·no·mi·sche Ver·pa·ckung
eine Verpackung, für deren Herstellung
wenig Material gebraucht wird
17.017

die **Betriebsanweisung**

Be·triebs·an·wei·sung <–en>

Vorschriften, die die Menschen vor Gefahren beim Arbeiten warnen und schützen sollen

18.001

das **Brandschutzzeichen**

Brand·schutz·zei·chen <–>

ein Hinweis auf ein Gerät zum Feuerlöschen (Feuerlöscher)

18.002

das Gebotszeichen

Ge·bots·zei·chen <–>

rund und blau; das weiße Bild zeigt, was beachtet werden muss

18.003

der **Gehörschutz**

Ge·hör·schutz <–e>

Gefahr für die Ohren!
Lauter Bereich, Ohren schützen

18.004

Schutzkleidung benutzen

Schutz·klei·dung be·nut·zen

ein spezieller Anzug muss getragen werden, um Körper und Kleidung zu schützen

18.005

Schutzschürze benutzen

Schutz·schür·ze be·nut·zen

ein spezielles Kleidungsstück muss über der eigenen Kleidung getragen werden, um diese zu schützen

18.006

das **Rettungszeichen**

Ret·tungs·zei·chen <–>
viereckig und grün; das weiße Bild zeigt den Weg zu Geräten, Hilfsmitteln oder Rettungsorten
18.007

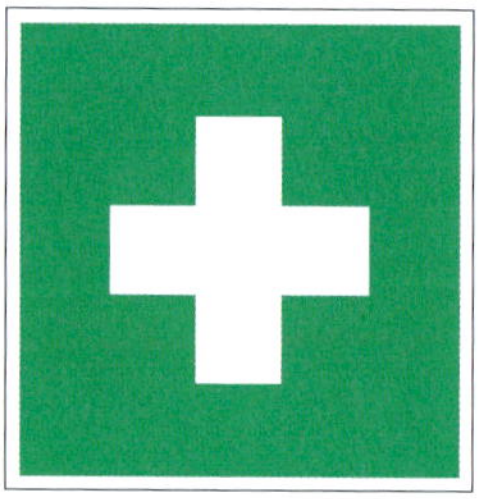

die **Erste Hilfe**
Ers·te Hil·fe
Soforthilfe bei Verletzung und Krankheit
18.008

der **Notausgang**
Not·aus·gang <Notausgänge>
ein spezieller Ausgang für schnelle Flucht bei Gefahr
18.009

der **Rettungsweg**
Ret·tungs·weg <–e>
ein Weg zu einem **Notausgang**
18.010

die **Sammelstelle**
Sam·mel·stel·le <–n>
der Ort, zu dem man bei Gefahr gehen soll
18.011

das **Verbotszeichen**

Ver·bots·zei·chen <–>
rund und weiß mit rotem Rand;
das schwarze Bild zeigt, was verboten ist
18.012

Aufzug im Brandfall nicht benutzen

Auf·zug im Brand·fall nicht be·nut·zen
das Verbot, den Aufzug zu benutzen, wenn es brennt
18.013

die Feuergefahr

Feu·er·ge·fahr <–en>
Feuer und Rauchen verboten
18.014

das Handyverbot

Han·dy·ver·bot <–e>
Mobiltelefone müssen ausgeschaltet oder nicht auf Empfang (im Flugmodus) sein
18.015

der Herzschrittmacher

Herz·schritt·ma·cher <–>
Lebensgefahr für Menschen mit elektrischer Unterstützung für das Herz
18.016

mit Wasser löschen verboten
mit Was·ser lö·schen ver·bo·ten
nicht mit Wasser löschen, wenn es brennt
18.017

das Rauchverbot
Rauch·ver·bot <–e>
hier darf nicht geraucht werden
18.018

Zutritt verboten
Zu·tritt ver·bo·ten
hier darf man nicht eintreten
18.019

das Warnzeichen
Warn·zei·chen <–>
dreieckig und gelb mit schwarzem Rand;
das schwarze Bild warnt vor einer Gefahr
18.020

Warnung vor niedriger Temperatur/Frost
War·nung vor nied·ri·ger Tem·pe·ra·tur/Frost
hier ist es sehr kalt,
man muss warme Kleidung tragen
18.021

Warnung vor Rutschgefahr
War·nung vor Rutsch·ge·fahr
hier ist der Boden
sehr glatt oder feucht,
so dass man stürzen kann
18.022

die **Buchhaltung**

Buch·hal·tung <–en>

❶ genaue schriftliche Informationen über alle Ausgaben und Einnahmen, die in einem Unternehmen gesammelt werden
❷ die Abteilung, deren Aufgabe das Sammeln dieser Informationen ist

▶ 19.001

die Bilanz

Bi·lanz <–en>

eine Abschlussrechnung, die Kosten und Gewinn eines finanziellen Projektes oder Geschäftes gegenüberstellt

▶ 19.002

das Konto

Kon·to <Konten>

hier: eine Liste, in der finanzielle Aktionen eines Unternehmens in einer Tabelle als Haben (Einnahmen) oder Soll (Ausgaben) notiert werden

▶ 19.003

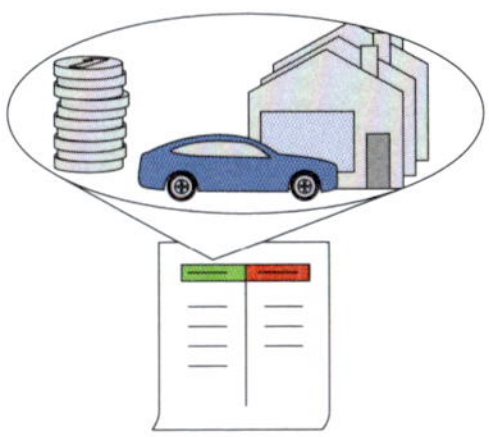

das Aktivkonto

Ak·tiv·kon·to <Aktivkonten>

ein **Konto**, das zur **Bilanz** eines Unternehmens gehört; es zeigt, wie viel Geld und welche Werte ein Unternehmen besitzt

▶ 19.004

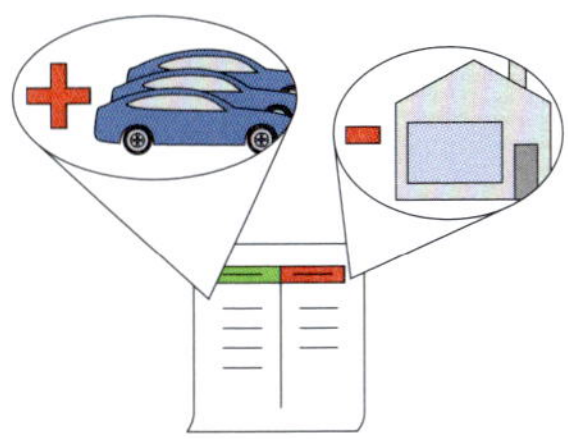

das Bestandskonto

Be·stands·kon·to <Bestandskonten>

ein **Konto**, auf dem jede finanzielle Aktion gezeigt wird, die das gesamte Eigentum eines Unternehmens verändert

▶ 19.005

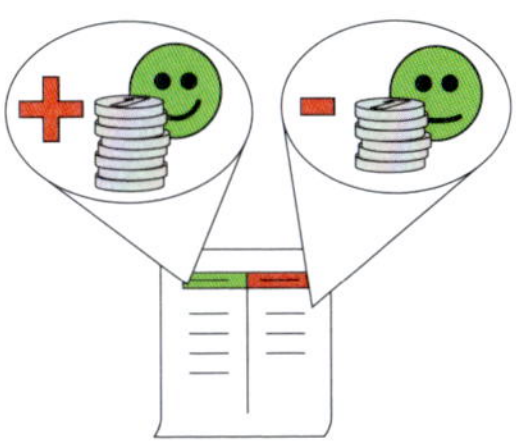

das Ergebniskonto

Er·geb·nis·kon·to <Ergebniskonten>

ein **Konto**, das jede finanzielle Aktion zeigt, durch die das private Geld des Unternehmers mehr oder weniger wird

auch Erfolgskonto

▶ 19.006

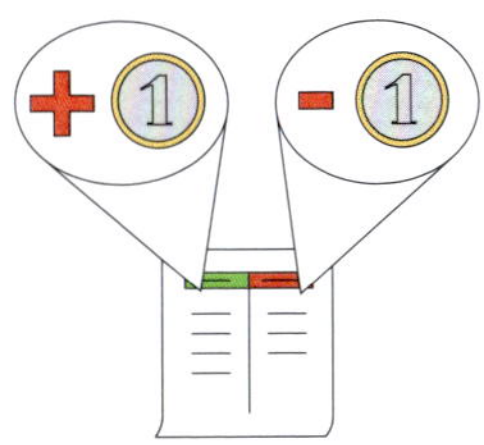

das Passivkonto

Pas·siv·kon·to <Passivkonten>

ein **Konto**, das zeigt, welche Geschäfte positiv und welche negativ für eine Firma sind

▶ 19.007

die **Bruchrechnung**
Bruch·rech·nung <–en>
eine Rechenart für das Teilen von einem Ganzen; die Zahl über dem Strich heißt Zähler, die untere Zahl heißt Nenner
19.008

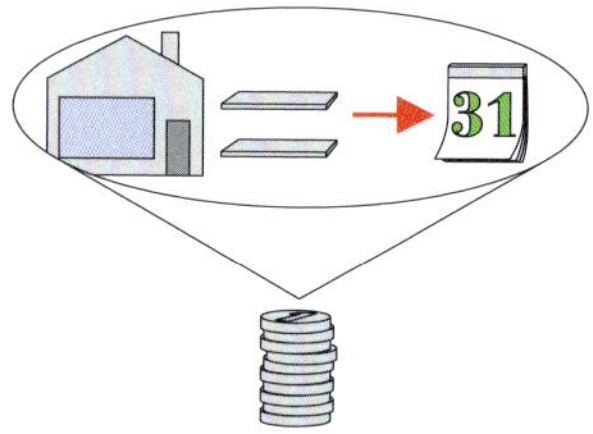

der **Deckungsbeitrag**
De·ckungs·bei·trag <Deckungsbeiträge>
die Summe, die zum Bezahlen der festen Kosten (Fixkosten) da ist
19.009

der **Dreisatz**
Drei·satz <Dreisätze>
eine Rechenart, bei der mithilfe von drei bekannten Zahlen eine vierte Zahl ausgerechnet wird
19.010

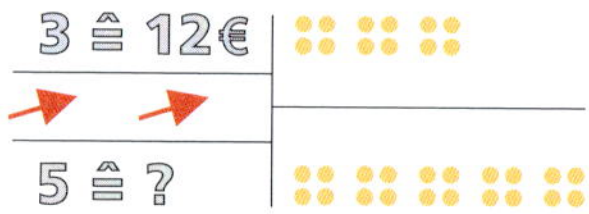

gerader Dreisatz
ge·ra·der Drei·satz
eine Rechenart, bei der das Verhältnis der Werte gleich bleibt: wird der eine Wert höher, steigt der andere genauso, wird der eine Wert niedriger, sinkt der andere genauso
19.011

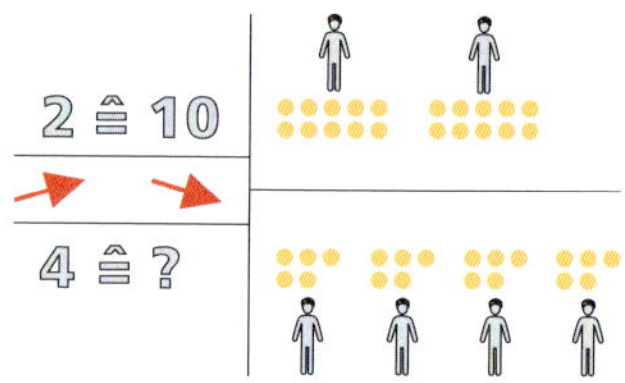

ungerader Dreisatz
un·ge·ra·der Drei·satz
eine Rechenart, bei der das Verhältnis der Zahlen einen Gegensatz bildet: wird der eine Wert geringer, steigt der andere Wert – und umgekehrt
19.012

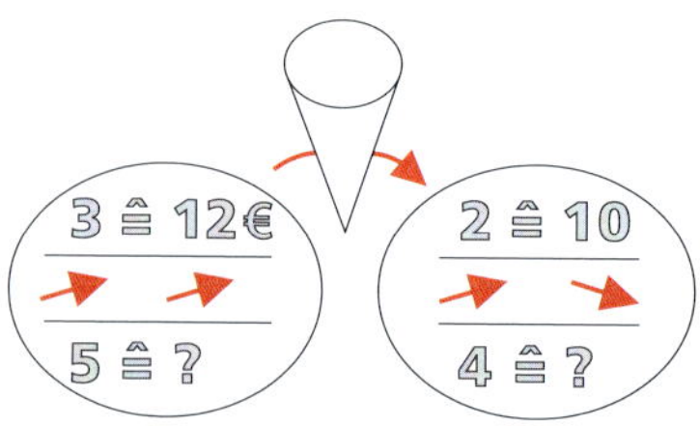

unterbrochener Dreisatz
un·ter·bro·che·ner Drei·satz
dieser **Dreisatz** kann nur mit zusätzlichen Rechnungen gelöst werden
19.013

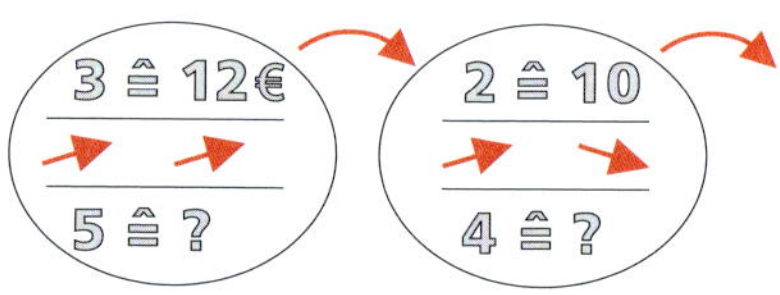

zusammengesetzter Dreisatz
zu·sam·men·ge·setz·ter Drei·satz
zwei oder mehr **Dreisätze** müssen einer nach dem anderen gerechnet werden
auch Kettensatz
19.014

die **Durchschnittsrechnung**

Durch·schnitts·rech·nung <–en>
eine Art zu rechnen, bei der zuerst die Summe mehrerer Zahlen gebildet wird; danach wird die Summe durch die Anzahl dieser Zahlen geteilt
19.015

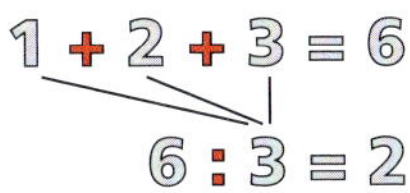

einfacher Durchschnitt

ein·fa·cher Durch·schnitt
das Ergebnis einer einfachen **Durchschnittsrechnung**
auch Mittelwert
19.016

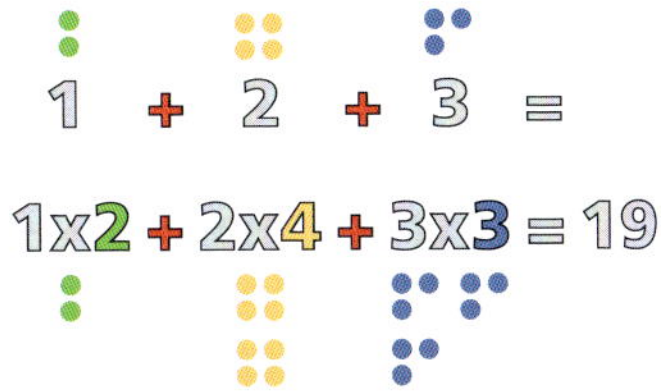

gewogener Durchschnitt

ge·wo·ge·ner Durch·schnitt
das Ergebnis einer **Durchschnittsrechnung**, bei der Mengen mithilfe von statistischen Zahlen ausgerechnet werden
19.017

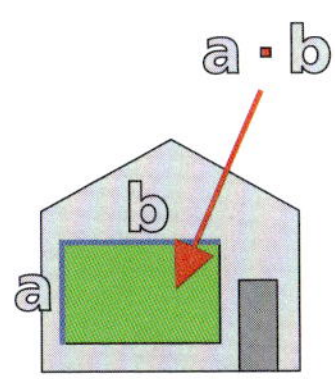

die Flächenberechnung

Flä·chen·be·rech·nung <–en>
das Ausrechnen der Größe von verschiedenen Bereichen, z. B. Laden, Flur, Fenster
19.018

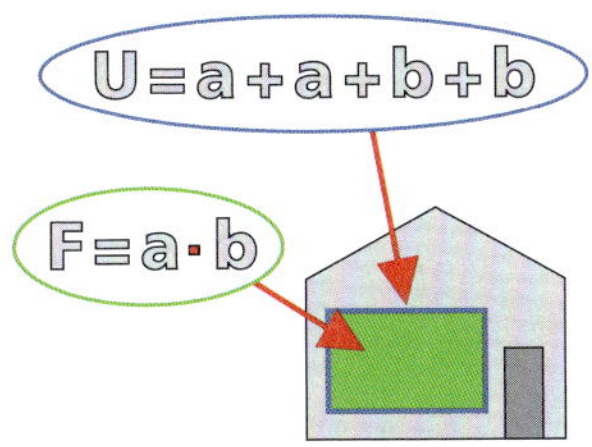

die Formel

For·mel <–n>
hier: die jeweils passende Methode, um unterschiedliche Mathematikaufgaben zu lösen
19.019

die Gewinn- und Verlustrechnung

Ge·winn- und Ver·lust·rech·nung *kurz* GuV
eine Rechnung, in der alle Ausgaben und Einnahmen gegenübergestellt werden
19.020

die **Grundrechenart**
Grund·re·chen·art <–en>
die vier Arten zu rechnen, die in der Grundschule gelernt werden
auch Grundrechnungsart
19.021

$4 + 4 = 8$

Summand
+
Summand
=
Summe

die Addition
Ad·di·ti·on <–en>
mindestens zwei Zahlen werden zusammengezählt (addiert); die einzelnen Zahlen nennt man auch Summanden, das Ergebnis ist die Summe
19.022

$8 : 2 = 4$

Dividend
:
Divisor
=
Quotient

die Division
Di·vi·si·on <–en>
eine Zahl wird durch eine andere geteilt (dividiert); die Zahlen heißen auch Dividend und Divisor, das Ergebnis ist der Quotient
19.023

$2 \cdot 4 = 8$

Faktor
·
Faktor
=
Produkt

die Multiplikation
Mul·ti·pli·ka·ti·on <–en>
zwei oder mehrere Zahlen werden miteinander malgenommen (multipliziert); jede einzelne Zahl nennt man auch Faktor, das Ergebnis ist das Produkt
19.024

$8 - 4 = 4$

Minuend
–
Subtrahend
=
Differenz

die Subtraktion
Sub·trak·ti·on <–en>
eine oder mehrere Zahlen werden von einer anderen Zahl abgezogen (subtrahiert); die einzelnen Zahlen heißen Minuend und Subtrahend, das Ergebnis ist die Differenz
19.025

Lohn

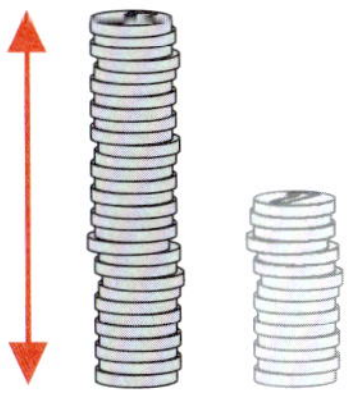

der **Bruttolohn**
Brut·to·lohn <Bruttolöhne>
das gesamte Geld, das der Arbeitgeber dem Arbeitnehmer zahlt, inklusive **Steuern** und Versicherungen
auch Bruttogehalt
19.026

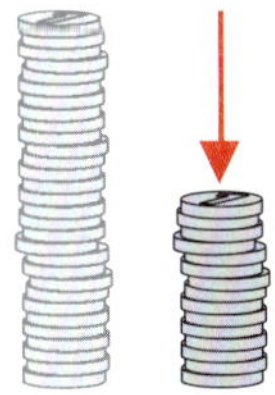

der **Nettolohn**
Net·to·lohn <Nettolöhne>
das Geld, das vom Lohn übrig bleibt, wenn **Steuern**, Versicherungen und andere Beiträge bezahlt sind
auch Nettogehalt
19.027

die Preisbildung

Preis·bil·dung <–en>
die Regel, nach welcher der Preis für eine Ware oder **Dienstleistung** entsteht
19.028

der **Bruttoverkaufspreis**
Brut·to·ver·kaufs·preis <–e>
der Preis, den der **Endverbraucher** für ein Produkt bezahlen muss
19.029

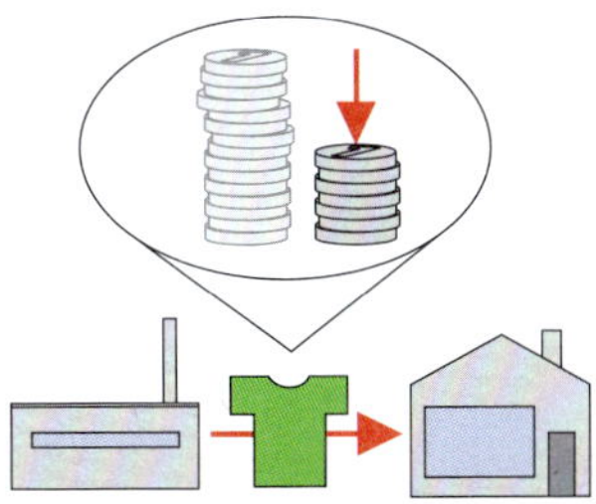

der **Nettoverkaufspreis**
Net·to·ver·kaufs·preis <–e>
der Preis einer Ware ohne **Steuern**, Rabatt usw.
19.030

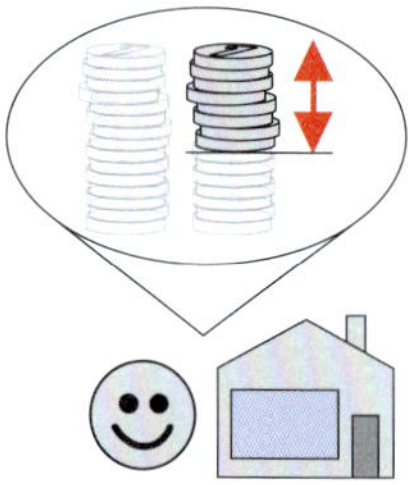

die Handelsspanne

Han·dels·span·ne <–n>

der Unterschied zwischen dem Preis, den der Händler bezahlt (Einkaufspreis) und dem Preis, den der Kunde bezahlt (Verkaufspreis)

19.031

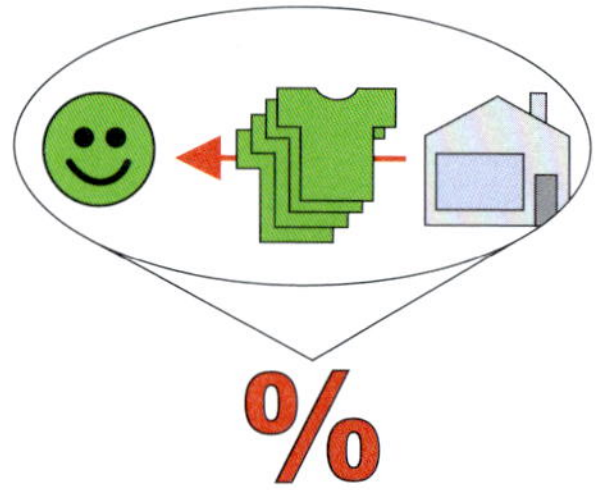

der Mengenrabatt

Men·gen·ra·batt <–e>

ein Rabatt, den man bekommt, wenn man eine größere Menge eines Produktes kauft

19.032

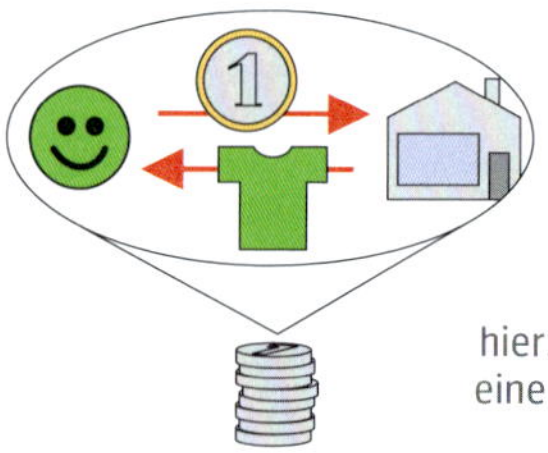

der Profit

Pro·fit <–e>

hier: der Gewinn, den eine Firma oder eine Person bei einem Geschäft macht

19.033

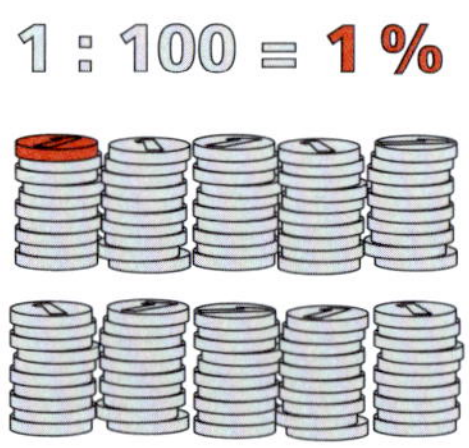

die Prozentrechnung

Pro·zent·rech·nung <–en>

eine Art zu rechnen, mit der man das Verhältnis verschiedener Zahlen, Mengen und Größen zeigen kann; ein Prozent ist der hundertste Teil von einem Ganzen

19.034

die **Steuer**

Steu·er <–n>
Geld, das dem Staat gezahlt werden muss, ohne dass man eine individuelle Leistung dafür bekommt
19.035

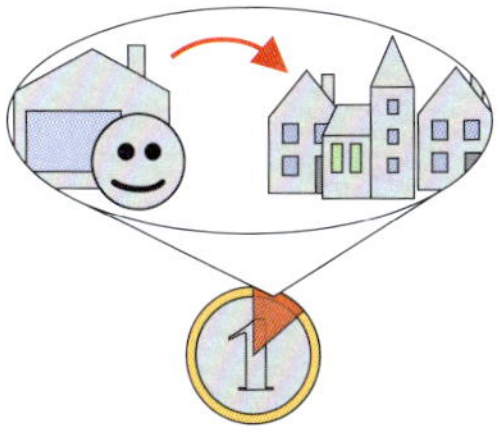

die Gewerbesteuer

Ge·wer be·steu·er <–n>
eine **Steuer**, die selbstständige Unternehmer an die Gemeinde oder Stadt zahlen müssen, in der sie ihre Firma haben (ihr Gewerbe ausüben)
19.036

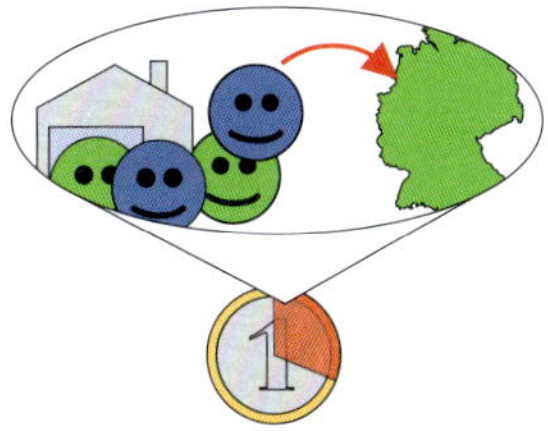

die Lohnsteuer

Lohn·steu·er <–n>
eine **Steuer**, die Angestellte, Arbeiter und Beamte von ihrem Gehalt an den Staat zahlen müssen
19.037

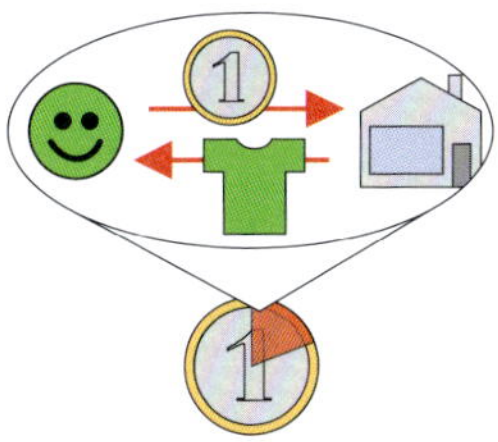

die Mehrwertsteuer

Mehr·wert·steu·er <–n> *kurz* MwSt., Mw.-St.
so heißt die **Umsatzsteuer**, wenn sie der **Endverbraucher** beim Kauf zahlt
19.038

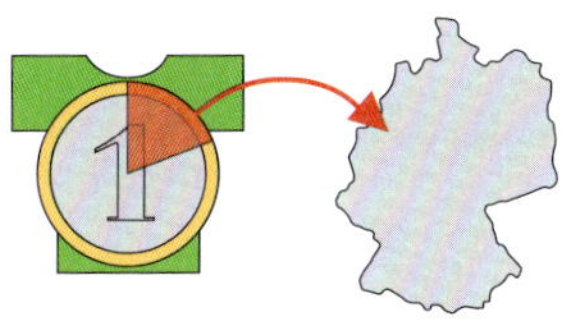

die Umsatzsteuer

Um·satz·steu·er <–n> *kurz* USt.
eine **Steuer**, die für den Verkauf von Waren und **Dienstleistungen** fällig wird; Unternehmer verlangen diese **Steuer** von ihren Kunden und zahlen sie dann an den Staat
19.039

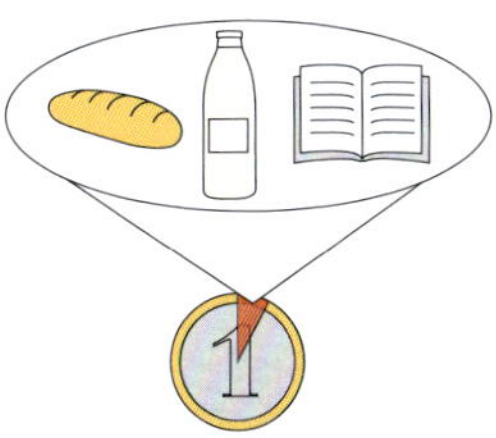

ermäßigte Umsatzsteuer

er·mä·ßig·te Um·satz·steu·er
die geringere **Umsatzsteuer**, die vor allem für die wichtigsten Lebensmittel (Grundnahrungsmittel), Zeitschriften und Bücher gilt
auch ermäßigte Mehrwertsteuer
19.040

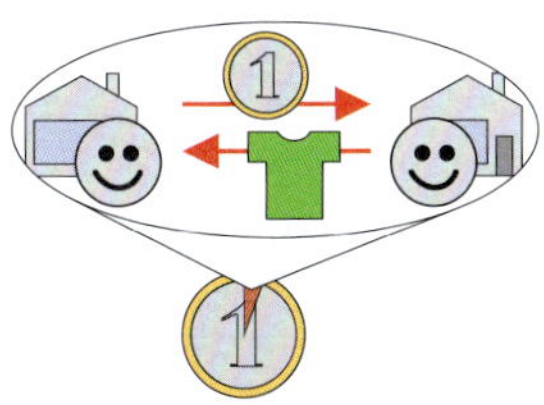

die Vorsteuer

Vor·steu·er <–n>
Steuer, die ein Unternehmer als Kunde eines anderen Unternehmers selbst zahlt; er darf den Betrag von seiner eigenen **Umsatzsteuer** abziehen (subtrahieren)
19.041

Cover: © Thinkstock/Wavebreak Media Ltd

Fotos Innenteil:
S. 1: © Thinkstock/Wavebreak Media Ltd
S. 6: © weerapat1003 - stock.adobe.com
S. 7: © Thinkstock/iStock/UroshPetrovic
S. 8: Jahrmarkt © ingusk - stock.adobe.com, Wochenmarkt © neifry - stock.adobe.com
S. 9: Boutique © PantherMedia/fiphoto, Einkaufszentrum © Roman Milert - stock.adobe.com
S. 11: Kaufhaus © Getty Images/E+/Juanmonino, Kiosk © Victor - stock.adobe.com
S. 12: © STUDIO GRAND OUEST - stock.adobe.com
S. 13: Supermarkt © PantherMedia/Klaus Schönepauck, Verbrauchermarkt © adisa - stock.adobe.com
S. 22: Lernkartei © Urban#Photographer - stock.adobe.com, Lernplakat © Thinkstock/iStock/monkey-businessimages
S. 23: © lassedesignen - stock.adobe.com
S. 43: © Thinkstock/iStock/bowdenimages
S. 44: © Thinkstock/iStock/IR_Stone
S. 46: © weerapat1003 - stock.adobe.com
S. 47: © Thinkstock/iStock/MeePoohyaphoto
S. 49: Check-in: © suchywilk - stock.adobe.com, Check-out: © focusandblur - stock.adobe.com, Etikett © focusandblur - stock.adobe.com
S. 50: Kassenbon © M. Schuppich - stock.adobe.com, Kassiervorgang © Thinkstock/iStock/pixinoo
S. 51: offene Ladenkasse © lillolillo - stock.adobe.com, Registrierkasse © Stefan Yang - stock.adobe.com, Sicherheitsfaden © bogopicture - stock.adobe.com, Stichtiefdruck © Zlatan Durakovic - stock.adobe.com, UV-Gerät © nmann77 - stock.adobe.com, Wasserzeichen © Milton Oswald - stock.adobe.com
S. 52: Quittung © Sabimm - stock.adobe.com, Scanner © Getty Images/E+/fzant, Bankkarte © Deutsche Postbank AG, bargeldlos © iStockphoto/MarcusPhoto1, Barscheck © Daniel Berkmann - stock.adobe.com
S. 53: Barzahlung © StefanieB. - stock.adobe.com, BIC © Deutsche Postbank AG, Gutschein © Vielfalt21 - stock.adobe.com
S. 54: © Deutsche Postbank AG
S. 65: © Thinkstock/iStock/af_istocker
S. 66: © Thinkstock/iStock/vitpho
S. 68: © maho - stock.adobe.com
S. 69: © toons17 - stock.adobe.com
S. 78: Aktion © Thinkstock/iStock/hxdbzxy, Anlassfenster © tanyasid - stock.adobe.com, Ein-Artikel-Schaufenster © Thinkstock/iStock/Kwangmoozaa
S. 79: Plakatfenster © olly - stock.adobe.com, Stapelfenster © Thinkstock/iStock/ANNECORDON
S. 80: © doomu - stock.adobe.com
S. 82: © Nomad_Soul - stock.adobe.com
S. 83: Glastheke © PantherMedia/fiphoto, Gondel © BQ-Studio.ru - stock.adobe.com, Lochwandhaken © Thinkstock/iStock/KaraGrubis, Mittelraumregal © Wire_man - stock.adobe.com, Rundständer © slavon-stok - stock.adobe.com, Stapelkorb © Denis Semenchenko - stock.adobe.com
S. 92: © Thinkstock/iStock/ayo888
S. 121: Brandschutzzeichen © fotolia/T. Michel, Gehörschutz © vektorisiert - stock.adobe.com, Schutzkleidung benutzen © fotolia/T. Michel, Schutzschürze benutzen © Bilderzwerg - stock.adobe.com
S. 122: Erste Hilfe © fotolia/T. Michel, Notausgang © alona_s - stock.adobe.com, Rettungsweg © fotolia/markus_marb, Sammelstelle © fotolia/createur
S. 123: Aufzug im Brandfall nicht benutzen © fotohansel - stock.adobe.com, Feuergefahr © tatianasum - stock.adobe.com, Handyverbot und Herzschrittmacher © vektorisiert - stock.adobe.com
S. 124: Mit Wasser löschen verboten © fotohansel - stock.adobe.com, Rauchverbot © jusep - stock.adobe.com, Zutritt verboten © vektorisiert - stock.adobe.com, Warnung vor Frost © yan4ik - stock.adobe.com, Warnung vor Rutschgefahr © blattwerkstatt - stock.adobe.com

Bildredaktion: Cornelia Hellenschmidt, Hueber Verlag, München